Spartan Kon-Katsu
Boot Camp

スパルタ婚活塾

水野敬也

文響社

スパルタ婚活塾とは

水野敬也のもう一つの顔、
恋愛体育教師・水野愛也が主宰《しゅさい》する
女性向け恋愛講座である。

はじめに

女よ。
そう。お前だ。今、この文章を読んでいる貧乳のお前だよ。

今からお前に「理想の男と結婚する方法」を叩き込むことにする。

もしお前が
「別に結婚願望ないんですけど」
などと言おうものなら、その瞬間に強烈なビンタを食らわせ、気絶したところを強引に玉の輿《こし》に乗せる。次にお前が目を覚ましたとき、バージンロードの上で正装した父親に引きずられ、お前の身柄は向井理似のイケメン御曹司に引き渡されることになるだろう。

——遡《さかのぼ》ること7年前。俺は男向け恋愛ノウハウ本『LOVE理論』を上梓《じょうし》した。

この本は出版されるや否や恋愛業界に激震が走り、不朽の名著として今も語り継がれている伝説の書物であり、お前がこの本を知らない場合はお前の勉強不足以外のなにものでもないわけだが、俺がこの本を出して最も驚かされたのは、女からの反響の大きさだった。『LOVE理論』は男向けの内容ゆえに、**その大半が下ネタだったにも関わらず**、出版社にはなぜか女からのハガキや手紙が多数届けられたのである。

・「恋愛していない期間が長すぎて、いざ恋愛をしようにも何から始めていいか分からない」

・「7年間付き合っている彼氏がいる。でも、まったく結婚する気配がない。彼氏にプロポーズさせる方法を教えてほしい」

・「年齢も40歳を超えてしまい、なんとか結婚したいと思っている。でも、婚活や恋愛に頑張りすぎて疲れてしまった。助けてほしい」

・「親から『勉強しろ』と言われ続け、頑張って勉強して大学に入った。しかし最近になって『結婚しろ』と言われる。でも突然結婚しろと言われても何をしていいか分からない」etc……

これらの手紙はときに便箋《びんせん》10枚以上に及ぶこともあり、俺は、世の女たちがいかに恋愛に悩み苦しんでいるのかを知ることになった。

しかし、お前たちが世の中にあふれる恋愛本を読み漁《あさ》り、スキルやノウハウを身につけようとすればするほど、間違いなく「負け犬」街道を時速３００キロで突き進むことになるだろう。そのスピードの影響で貧乳は陥没《かんぼつ》し、ささやかな希望だった「小さな丘」も「盆地」と化すことになる。

もちろん、巷《ちまた》の恋愛本の内容すべてが間違っているわけではない。海外の恋愛古典や長く読まれている本の中には実際に使えるノウハウも載っている。しかし、これらの本は、女性読者に愛されたいがあまり、**男のニーズを完全に無視している記述があり**、「男の前でそんな行動を取ったら一発ＮＧ」の内容まで「使えるノウハウ」として紹介されているのである。

一方、本書は、そういった恋愛本とはまったく違う立場に立って書かれている。

本書は、**モテる女とモテない女の違いを、男目線で研究した**恋愛本なのだ。

たとえば、

「ルックスに魅力がないのにモテている女」——美人でないのにお金持ちや芸能人と結婚した女たちを対象に研究し、彼女たちの共通点を見つけ出した。

また、「美人なのにまったく男に縁のない女」と「美人ではないのになぜか男に囲まれている女」を比較研究し、その違いはどこにあるかを解明した。

さらに、「モテない女が男の前で犯す失敗」をすべて網羅し、その失敗を未然に防いでいる魅力的な女の立ち振る舞いを明らかにした。

このようにして生まれた本書は、大げさな話ではなく数百万円の価値があるだろう。

なぜなら、この本には、お前たちのパートナー選びを——つまりは人生を左右する力があるからだ。

しかし、あらかじめ言っておく。

本書に記された方法を実践するのは決して楽《らく》ではない。

この本には、巷の恋愛本にあるような「読者に安易な希望を持たせる内容」は一切書かれていない。

本書に書かれてあるのは、男が本当に求める女になるための**「真実の恋愛理論」**であり、そして、「真実」とは、ときに目を逸《そ》らしたくなるような厳しさを持つことがある。

もしお前が本気で本書を実践するのなら、今まで経験したことのないような苦しみを味わうことになるだろう。

しかし、俺は、お前にその覚悟を求めたい。

なぜなら、人は「自分を必ず成長させる」と覚悟を決めることで、最初の頃には想像もできなかったような変化を手にすることができるからだ。
そして、魅力的になったお前が理想のパートナーを手に入れたとき——恋愛という分野だけではなく、現実世界そのものへの見方が変化していることに気づくだろう。「現実」とは動かし難《がた》いものではなく、その気になれば驚くほど変化させられるものだということに。

俺は、その世界をお前に見てもらいたい。
多くの女が一生知らないままで終わる「もう一つの現実」を、お前に見てもらいたいのである。

だから、俺は、「理想の男と結婚する方法」を、お前に叩き込まねばならないのだ。

CONTENTS

CONTENTS

「スパルタ婚活塾」の流れ

スパルタ婚活塾は大きく「四つの教室」に分かれており、一つの教室は数コマの講義で構成されている。まずお前たちは、

恋愛五大陸教室

恋愛基礎体力教室

恋愛実践教室

結婚教室

この「四つの教室」について把握してもらいたい。

「恋愛五大陸教室」

この教室では、最も代表的な五つの理論**「恋愛五大陸理論」**を紹介する。恋愛理論を世界地図に例えたとき、この**五つの理論**が五大陸のように大きく広がっていることからこう命名された。この理論を知るだけで恋愛能力が格段にアップし結婚までこぎつけたという報告も多数寄せられている。ぜひ緊張感を持って講義に臨んで欲しい。

「恋愛基礎体力教室」

恋愛を始める前に身に付けておきたい基礎的な知識を紹介する。恋愛理論を知った途端に焦って行動し、大きな痛手を負う女たちは多い。そうならないためにも「基礎体力教室」にじっくりと取り組み、恋愛の基本を頭に叩き込むこと。

「恋愛実践教室」

いよいよ実践編である。この教室では、お前たちが一番知りたがっている内容——「男との出会いを増やす方法」「合コンでの立ち振る舞い方」「男の告白を引き出す方法」「ベッドの上で男を魅了する方法」など、恋愛の流れに沿った具体的な恋愛理論を紹介していく。

今すぐにでもこの教室に向かいたい気持ちは分かるが、前の二つの教室を完全にマスターしてから臨むこと。「基礎」あってこその「実践」である。

「結婚教室」

最後の教室は、もちろん「結婚」についてである。無事に男と交際が始まったとしても油断は禁物、最終ゴールである結婚にたどりつけなければすべては水の泡である。水野泡也である。この教室で「恋愛」と「結婚」の違いをマスターし、理想の男を確実に結婚へと導くこと。

また、それぞれの教室の前には**「箸休《はしやす》め講義」**を用意した。

これは通常の授業に比べて、あえて内容を軽くしてある。この箸休め講義を受けながら、「次は○○教室だな」と気持ちを高めることで集中力を途切れさせないようにしてほしい。

また、本書では俺の講義を文章で学ぶわけだが、ただ漫然と読むのではなく教壇の前に立つ俺を想像し、たるんだ態度に対してはいつでも竹刀《しない》が飛んでくるイメージを持つこと。

繰り返すが、今から始まる恋愛授業はお前の人生を根本的に変える可能性がある。学校の勉強のように押し付けられるものではなく、お前の人生のために、自らの意志で選んだ授業である。自分の持てるすべての力を出し切って、本気でぶつかってくること。

もちろん、俺も力の限りを尽くして授業に臨む。

さあ、それでは心の準備が整った者から最初の授業に向かって欲しい。

いざ、恋愛という名の大海に飛び込まん！

恋愛五大陸教室

Five Love Continents Class

この教室で学ぶ恋愛理論

・仮氏理論
・「彼氏はいるんだけど……」理論
・リサイクル理論
・おさわり四十八手
・ライフ・イズ・ビューティフル理論
・シックスセンス理論
・ＳＡＴＣ臭

第 1 講

仮氏理論

Backup Boyfriend Theory

年齢を重ねれば重ねるほど男にモテる恋愛理論

それでは今から「理想の男と結婚する方法」を教えていくわけだが、まず最初にここで**「理想の結婚相手の条件」**を思い浮かべてみて欲しい。

お前が理想とするのは、一体どんな条件を兼ね備えた男だろうか？

ちなみに、この質問に対して

「えーっとぉ、年収８００万円以上でぇ、身長１７５㎝以上のイケメンでぇ……」

と答えた女は世間の男たちから
「もっと現実を見ましょう」

「何様ですか？」

「とりあえず落ち着けやバアさん」

などとバッシングを受けることがあるが、俺の意見は**逆**である。

もしスパルタ婚活塾生の中でそんなことを言う女がいようものなら、俺はその女の尻をニホンザルのように真っ赤になるまで竹刀で叩きながらこう叫ぶことになるだろう。

「お前の理想はその程度か！」と。


スパルタ婚活塾の塾訓、それは——**熟女よ、大志を抱け**である。


今、この場で胸に手を当てて考えてみよ。その貧乳に、エアさらしを巻いた胸に手を当てて考えてみよ。

お前は本当に年収800万の男で満足なのか？　世の中には年収3000万や5000万の

男もゴロゴロいるんだぞ？　しかもそいつらに限ってイケメンだったりする。お前たちは、そういう男を手に入れたくはないのか？

——いや、先ほどの条件を本音で求めているのであれば何の問題もない。しかし「本当は年収1500万円が理想だけど、でも自分の年齢的なことを考えると……でも800万は欲しいよね」的なことを考えている女のいかに多いことか。

最初に言っておく。

スパルタ婚活塾における最大のタブー、それは妥協《だきょう》である。

妥協とは何か？

それは、自らの心にウソをつくことである。本心を覆《おお》い隠し、欲求に蓋《ふた》をしてしまうことである。

そして、自分の本音にウソをつき始めたとき、人の成長は止まるのだ。

欲望を解放せよ。

お前たちが自分の最大の魅力を手にしたいなら、己の中に潜む最大の欲求を満たそうとしなければならない。

そして、真の理想を目指し、真の努力を始めたとき、お前は「顔」も「年齢」をも凌駕《りょうが》する、人間としての最大の魅力を手に入れることになるだろう。

それは「自信」である。

そして、この「自信」こそが、お前の人生に奇跡を起こす魔法となるのだ。

そのことを伝えるために、俺は**ペタジーニ**の話をしなければならないだろう。

——今から十数年前、ヤクルトに所属していたプロ野球選手ペタジーニが友達の母親（ペタジーニの24歳年上）と結婚していたことが発覚し、ワイドショーが面白おかしく取り上げていたが、このニュースを聞いて部屋で一人、地団駄《じだんだ》を踏んで悔しがっていた男がいた。

愛也である。

所蔵しているエロ漫画の半数以上のタイトルに「義母」という文字が躍り、宜保《ぎぼ》愛子も「ギリ、抱ける」と思いながら当時の霊能番組を見ていた筋金入りの熟女好き——それが、愛也である。

そして、これはもはや俺に限った話ではない。

現在、日本男子の間では「空前の熟女ブーム」が巻き起こっており、昔は奥にひっそりと申し訳なさそうに存在していたアダルトビデオの「熟女」コーナーも今や中盤の要《かなめ》であり、サッカー日本代表で言えば遠藤保仁のポジションを獲得している。

だが、この話を聞いて
「なんだ、私、まだまだイケんじゃん」

そう思いながら、部屋で煎餅《せんべい》をかじり始めたお前の頬にビンタを食らわしてこう言うことになるだろう。

「甘ったれるな！　**たれるのは乳だけで良い！**」と。

お前は、どうしてこの水野愛也がエロ漫画に頼らねばならないのか、そのことについて考えたことはあるのか？

地球上に存在するすべての恋愛理論をマスターした俺にとって、自分好みの熟女を惚《ほ》れさせるなど赤子の手をひねるようなものだ。

にもかかわらず。

俺は自分の欲求のはけ口を、漫画に求めなければならないのである！

なぜか。

その理由は――熟女たちは、いざそういう行為をする段階になると、必ずといっていいほど

震えるのである。

生まれたての小鹿のようにぷるぷる震えながらこう言うのである。

「私、こういうことするの久しぶりなの」

知るかボケェ！

ベッドの上での「アソコに蜘蛛《くも》の巣張ってます」的なカミングアウト？　これほど男を萎《な》えさせる言葉はねえんだわ！

男が熟女に求める要素はただ一つ

余裕

である。ベッドの上で焦る男に対して「そんなにしたいの？　もう、しょうがないわねぇ」的な「余裕」こそが男を燃え上がらせるのだ。

「老いはわれわれの顔よりも心にしわをつける」——モンテーニュの言葉である。

そして、自分に対する自信と余裕があれば、年齢を重ねることはむしろ大きなアドバンテージになるのだ。

しかし、女は男の気持ちを知ろうとせず、肌の美しさやたるみという己の勝手な解釈によって自分の魅力が落ちたと考え、卑屈になる。

そして、この卑屈こそが、まさに、「屈」の字のごとく、男のそそりたつ股間を「屈」させるのである。

——では、男の前で余裕を保つにはどうすればいいだろうか。

もちろん自分に対する自信をコツコツとつけていくことも大事なのだが、ここでは、最短距離で余裕を手に入れられる方法を教えよう。

人は、何かを強く求めれば求めるほど——つまり、何かに執着するほど、焦り、緊張し、不安になり、余裕を失う。

婚活する女たちが必死になるあまり、男を引かせているのも同じ理由だ。

結婚に、執着しすぎているのである。

つまり、これは裏を返せば、男を強く求めない状態、目の前の男に対して「こんな男どうでもよくね?」そう思えているとき、お前は男に対して余裕を保てるということなのだ。

つまり、余裕を持つための最大の方法は、

「どんな男でもいいから、まず彼氏を作ること」である。

ブサイクだろうが年収が低かろうが、もし今、彼氏がいないのなら、とにかく「彼氏」という枠に誰かをあてはめよ。そうすることで「最悪、あいつがいるから大丈夫」という**心の保険**を得るのである。

だが、お前はこの言葉に対してこう返すかもしれない。

「お前はさっき、あれほど『妥協するな』と言ったじゃないか」

そんなお前に対して俺は

「お前は『森ガール』ならぬ、『木を見て森を見ずガール』だ!」

そう叫びながら、ピエール・エルメのマカロンを両鼻の穴に詰め込むことになるだろう。

これは、断じて妥協ではない。高い志を遂げるための必要不可欠なステップなのだ。

「彼氏がいること」のメリットは、心の余裕を保つことだけに留まらないぞ。

たとえば合コンなどで「彼氏いる？」という話題を振られることがあるが、そのとき「彼氏はいない」と答えた場合「どれくらい（の期間）いないの？」という流れになることがある。

そのときに、彼氏のいない女は、必ず次のように言葉を濁《にご》すのである。

「うーん、半年くらい？」

するとその瞬間、男から

（この女、最低2年は彼氏おらんな）

と見抜かれているのである。

「彼氏いない歴」を濁す女は、密かに男から「この女は彼氏のいない価値の無い女である」という烙印を押されているのだ。

これに対して、女の価値を最も上げるのは次のセリフである。

「彼氏は、いるんだけど……」

彼氏の存在は明言するのだが、「ど……」の「……」の部分に含みを持たせることによって「あ、この子、彼氏とうまくいってないんだな」と思わせ、さらに男に対して「恋愛相談に乗ってほしい」という口実で男を誘うという強力な恋愛コンボにつなげられる。いわゆる**「彼氏はいるんだけど……」理論**である。

もし、今、彼氏のいないやつは早急に、どんな男でもいいから彼氏を作り「彼氏がいない」状態から抜け出すことを最優先せよ。

これが、俺の提唱する

仮氏（かりし）理論

である。

カレシではない。カリシを作れ。

理想の男を手に入れるための「仮」の彼氏を作るのだ。そして、仮氏を踏み台にして、より高い男へと飛び立つのである。

ちなみに、俺の周囲でよく見かけるパターンが

不倫していたと思ったら、誠実な男と電撃結婚

である。これは、既婚者を「仮氏」として利用した優秀な女たちだといえよう。

そもそも結婚しているのに女を口説いてくるような男たちは、女たちから「最低の男だ」とゴミ扱いされることがあるが、お前たちは理想の男を手に入れるために、このゴミをできる限り利用することを心がけよ。**「リサイクル理論」**である。

Lesson 1 ＊ Summary

Theory 1

「仮氏理論」

男は「余裕のある」女が好きであり、

余裕さえあれば年齢を重ねることは有利になる。

そのためには、どんな男でもいいから仮の彼氏を作ること。

そうすれば魅力的な男の前でも緊張せずに余裕を保つことができる。

Theory 2

「彼氏はいるんだけど……」理論

彼氏がいることを明言しつつ、うまくいってないことを

暗に伝えることで自分の価値を高めると同時に、

「恋愛相談」を口実にデートに誘うことができる。

Theory 3

「リサイクル理論」

既婚なのに言い寄ってくる男はゴミであるが、

ゴミはできるかぎり再利用せよ。

第2講

ツッコミマスターとなれ

Become a Tsukkomi Master

なぜ婚活女子の「会話」は気持ち悪いのか？

先日、35歳の独身女から
「飲み会を開いて欲しい」

と言われ、選りすぐりの男たちを集めて飲み会を開いたのだが、

「これじゃあ結婚できんわ」

とため息をつく瞬間が多々あった。

いや、確かに女たちは頑張っていたのだ。

男たちを盛り上げようと必死に話を聞いたり、食べ物を取り分けたり、努力している感じが

ひしひしと伝わってきた。

そして、それが、**ダメ**なのである。

巷にあふれる恋愛マニュアルや婚活本には、飲み会において
「女性としてのマナーを大切にしましょう」

「男性の話が盛り上がるように聞き上手になりましょう」

「男性の自尊心をくすぐるようなホメ言葉を言いましょう」

そんなことが書いてあり、それを鵜呑《うの》みにする真面目な女たちは頑張ってしまう。

だが、その頑張りが
「この女、必死じゃね？」

となり、はっきり言うと**キモ**いのである。

そこで、婚活をつい頑張ってしまうキモい女子は次の言葉を肝（キモ）に銘じること。


「お客のニーズを無視した努力はエゴである」

そして、婚活に努力する多くの女はエゴイストであり、何よりも「婚活」という言葉がそれ

を象徴している。

「婚活」とは「結婚したい」という女の欲望を丸出しにしている言葉であり、もし婚活を男目線の言葉に直すとしたら、**ヤリ活**である。

「僕、女とヤリたいんですよね。はい、バストは最低85は欲しいです。顔は武井咲が理想かな」

こんな男がいたら、キモいだろ？

だが、飲み会や初対面の場で

「今、婚活中です」

「私、結婚願望あります」

と平気で口にする女はこの男と同類である。それを口にしてしまうと、男をホメようが、男に対して優しい行動を取ろうが

（結局、結婚したいからこういうことをしてるんだろうな……）

と勘ぐられてしまうことになる。モテる男は女に対してあからさまな下心を感じさせないのと同様に、お前たちは決して結婚欲を表に出してはならないのだ。

――では、冒頭で紹介した35歳の独身女は飲み会において何をしなければならなかったのだろうか？　お客様である「男」のニーズを満たす行動とは何なのか？

それは決して「聞き上手」になることでも「シーザーサラダを取り分ける」ことでもない。

飲み会においてお前たちが一番大事にしなければならないのは

ツッコミを入れること

である。

俺は大学四年間、六本木のカラオケパブでアルバイトをしていた。その店には六本木のキャバクラや銀座のクラブのアフターで来る客が多く、そしてその中にはいわゆる美人ではないのにお金持ちの男を次から次へと連れてくる女がいて、俺は彼女たちがどのような会話をしているのかつぶさに研究していた。

よく水商売で優秀な成績をあげる女たちは「政治や経済に詳しい」とか「仕草が優雅でマナーに精通している」などと言われるが、まったくの間違いである。

彼女らの特徴は、ただ一点。

ツッコミマスター

だったのだ。

なぜツッコミ上手な女がモテるのか。そこには三つの理由があると考えられる。

まず、第一の理由。

これは会話の基本だが、**相手の発言の意図を正しくくみ取ることができなければツッコミはできない**。そして男にとって自分の言葉の意図をちゃんと理解してもらえていることほど気持ちいいことはないのだ。これは、いわゆる「会話のキャッチボールができている」状態であるが、それは正しいツッコミによって成立するのである。

第二の理由。

ツッコミとは、相手の問題点を指摘したり、自分の本音を会話に投げ込むというリ**スクを取る行為**である。つまり、**「予定調和*を崩す」**働きがあるのだ。

これは巷にあふれるコミュニケーションノウハウ本が見落としている点なのだが、魅力的な

***予定調和**
受け手の予想する流れに沿って事態が動き、結果も予想通りであること

会話というのは、**予定調和を崩すこと**なのである。

いや、むしろ巷の婚活マニュアルは予定調和を推奨する内容になっていると言える。

たとえば「聞き上手になる」という名目で、「相手に質問する」「相手の話にタイミング良く相槌を打つ」「相手の言葉をおうむ返しにする」などというテクニックが紹介されるが、そんな女と話していてもこちらと**クソ退屈**なのである。相手からどんな反応が返ってくるか分からない、その予測不能さに男は魅力を感じるのだ。

その意味で、自分の本音を思い切って相手にぶつけるツッコミをマスターすることは、魅力的な会話をするために必要不可欠である。

そして、最後の理由。

これこそが、俺が女たちに「ツッコミを極めよ」と口をすっぱくして言う最大の理由なのであるが、

男にビシバシとツッコミを入れることで、**男の上の立場にポジショニングできる**のである。

そして、この「男の上に立つコミュニケーション」こそが、顔や年齢を凌駕する最強のスキルなのである。

具体的に説明していこう。

たとえば男が次の台詞を口にしたとしよう。

「俺、料理得意なんだよね」

これに対して巷の婚活マニュアルの多くには次のような反応をせよと書いてある。

「料理得意なんてすごいね。今度食べさせて！」

これは、男をホメて盛り上げ、さらに次のデートの約束を取り付けるための台詞であるが、これが「退屈」であり、「必死に見えてキモい」のはすでに述べたとおりである。

さて、ここでツッコミマスターならどう切り返すか。

もちろんその場の状況で言葉の内容や口調は違ってくるから正解は言えないのだが、たとえば、イメージとしては次のような切り返しをする。

男「俺、料理得意なんだよね」
女「出た、料理得意アピール」

この台詞は、ある意味で男をバカにするスタンスを取っており、それは「私はお前より上だ」というスタンスであり、「自分の方が価値が高い」ことを暗に宣言しているのである。

海外の恋愛古典『ルールズ』で繰り返し述べられているように「男は手が届きそうで届かない、価値のある女を求める」というのはまさにその通りであり、その意味で「私はお前の上である」ことを示せるツッコミは非常に有効なのである。

さらに、男が、女に上から言われることを気持ちよく感じるのは、幼少期における女との関係に由来する。

まず、幼少期に少年は母親から叱られ続けるのであるが、それは同時に母親が「頼れる存在」であることを無意識に感じている。

さらに幼少期では、男より女の方が精神の発達が早いゆえに、女から「あんた何してんの」「バカじゃないの」と注意されることが多々ある。そして、初恋というのは往々にしてそういう女との関係の中で築かれるものなのだ。

小学校の時、男子に人気があった女子を思い出して欲しい。見た目が全然可愛くないにも関わらず、男たちの上に立ち、男を転がすコミュニケーションをしていた女子に人気が集中していたはずだ。

——先ほどの例文に話を戻そう。

たとえばツッコミマスターの女の会話は次のような流れになる。

男「俺、料理得意なんだよね」
女「出た、料理得意アピール。そうやって『手料理作ってあげるよ』とか言って女の子を部屋に誘ってんじゃないの？」
男「違うわ！　俺は純粋に料理作るの好きなだけなんだって」
女「でも料理が得意な人っていいよね。そういえば小栗旬って料理得意なんだよね」
男「へえ、そうなんだ」
女「(男を見て) あれ？　小栗旬に似てない？」
男「マジで？」
女「言われたことあるでしょ」
男「ないない」
女「いや似てるってー絶対」
男「(あれ、もしかしてこの女、俺に気があるんじゃ……)」
女「でも、私、小栗旬の顔あんまり好きじゃないんだよね（笑）」

これはコミュニケーション能力の高い女が使う「吊り橋トーク」である。気があるのかと思わせておいて否定する。否定したと思わせておいて、持ち上げる。男の心は揺さぶられ、どんどん女のペースにはまっていく。

そして、その後の会話は、たとえばこんな流れになる。

女「じゃあ今度ホームパーティしようよ。料理うまいかどうか判定してあげるよ」

(後日、男の家で)

女「(男の手料理を食べて)すごくおいしい!」

男「(まんざらでもない様子)」

こうした細かい会話テクニックの解説は第6講に譲ることにして、今回俺が一番伝えたいのは、「この女と付き合いたい」と男に思わせるためには、相手の上に立つコミュニケーションが非常に重要であるということだ。

そして婚活マニュアルでよく言われる聞き上手のセリフ

「料理が上手なんてすごいですね! 今度食べさせてもらっていいですか!?」

が、いかに魅力の乏《とぼ》しいものなのか、今のお前には分かるだろう。

この台詞を言う女は、男の下になっており、自ら価値が低いということを宣言している。

ちなみに、「自分の価値を下げる」ことで男を落とすことができるのは、あらかじめ価値が高く設定されている女だけである。

たとえば長澤まさみとの会話で

男「昨日、ランチどこで食べた？」
長澤「サイゼリヤ」

これだけで男は長澤まさみに惚れるであろう。

その理由は、あらかじめ高い価値に設定されている女が価値を下げ、身近な感じがするからである。男からすると「もしかしたら、この女いけるんじゃね？」となる。

しかし、もしこの話を聞いて「綺麗《きれい》な女は得よね」などとほざく女がいるとしたら、俺はその女に対して団鬼六バリの折檻《せっかん》をしながらこう叫ばねばならない。

「美人じゃない方が得だがね！」と。

もし、自分を「生まれつきの美人ではない」と自覚する者は、その時点でとてつもない武器を手にすることができる。それは、もしかしたら人生における最大の武器と言えるかもしれない。

その武器とは**「成長したいというモチベーション」**である。

先ほどの「吊り橋トーク」を始めとしたコミュニケーション能力を身につけていたのは、美人ではない女だったり、今は美人だが「昔は美人じゃなかったから美人になるために努力をしてきた」女たちばかりだった。

彼女たちは努力によって、男心の機微を読み、**リスクを冒《おか》しながらも相手を怒らせない絶妙なラインの台詞**を会話の中に投げ込めるまでに成長したのである。

俺の尊敬する女性で、「チャコママ」というツッコミマスターがいる。

これは今から数年前の話になるが——俺が居合わせた飲みの席で、チャコママの客の男が仕

事で中国に行くという話になった。チャコママのことが好きだった男は
「いつ日本に戻ってこれるか分からないんだよ……」

と泣きそうになっていた。

――通常であればこの場面では「寂しくなるね」「いつ日本に戻ってきてもこの店は変わらないよ」「私、中国に遊びに行くから案内してよ」などという予定調和な言葉が飛び交うことになるだろう。

しかし、チャコママは泣きそうになる男の肩にそっと手をおいて、こう言ったのだ。


「SARS*にかかって、死んでこい」

*SARS（サーズ）
当時、中国では「SARS」というウィルス性の新型肺炎が大流行していた。

俺は、このときの男の笑顔を忘れることはできない。

男は泣きそうになりながら、顔をぐちゃぐちゃにして、爆笑していた。

――もちろん、この言葉の有効性は、チャコママのキャラクターや男との関係性によっても左右されるだろう。そしてチャコママも、深い考えはなく感覚的にこの台詞を選択したに違い

ない。

ただ、この台詞はすごく愛らしかった。

暴言の裏に「あなたと会えなくなるのがさびしい、その気持ちが嫌だからとんでもない憎まれ口を叩く」女のいじらしさのようなものが垣間見えたのだ。

この言葉はある種の芸術性を帯びており、俺はすごく美しいと感じた。


顔の形や骨格が魅力的でない女は許す。

しかし、退屈でつまらない女は絶対に許さない。

なぜならコミュニケーションは、己の努力次第でどこまでも成長させられる分野だからである。

そして、スパルタ婚活塾では、女が努力で手に入れられる魅力の基礎分野として次の三つを掲げている。


「コミュニケーション」

「ファッション」

「立ちション」

「魅力の三大ション」と呼ばれるこの分野に関しては「恋愛基礎体力教室」で徹底的に叩き込むことになるので覚悟しておくように。

Lesson 2 * Summary

Theory 1

ツッコミマスターとなれ

コミュニケーションにおいて最も大事にしなければならないのは、

優しいことでも、気が遣えることでも、ホメることでも、

良いタイミングで相槌《あいづち》を打つことでもない。

男に対して「正しいツッコミ」を入れることである。

「正しいツッコミを入れた女だけが、

男から色んな意味でツッコんでもらえる」

——水野愛也

Theory 2

「吊り橋トーク」

男を持ち上げたと思ったら落とし、

落としたと思ったら持ち上げることで

心を揺さぶるトーク技術。

会話の中に「押しと引き」の波を作る

イメージを持つこと。

第3講

おさわり四十八手

48 Kamasutra Touching Methods

どんな男も確実にホレさせる究極の一手

巷に出回っている恋愛本を開いてみると「さりげなく可愛い言葉を言う」「小さな気配りが大事」「よく笑う」「前回とは違う自分を見せる」……などなど100項目近くの方法がずらずらと並べてある。

だが、ここでお前の過去の恋愛経験を振り返ってみよ。ほぼ無いと言っていい、小粒で矮《わい》小《しょう》な恋愛経験を、残り少なくなった歯磨き粉をチューブから無理やり絞り出すような感じで思い出してみよ。

いざ好みの男を前にしたとき、思い出せた恋愛技術は**せいぜい一つか二つ**ではなかったか？

もちろんスパルタ婚活塾では、理想の男と結婚するための方法を様々な角度から教えていくことになる。

「基礎体力教室」で恋愛のイロハを叩きこんだ後は「実践教室」で、出会い、デート、交際、セックスの流れに沿った理論、さらに「結婚教室」では、男を結婚へと導く理論を教えていく。

さて、しかし現状のお前は恋愛初心者である。恋愛若葉マークである。未《いま》だ、プールを前にして胸に水をぱしゃぱしゃ当てている状態である。

そんなお前たちには、

「好みの男を前にしたときは、このことだけを考えろ」

という**たった一つのスキル**を授けておく。

これをマスターするだけでお前の恋愛能力を飛躍的にアップさせられる究極の技術なので、何度もメモをしながら確実に頭に叩き込むこと。

では今からそのスキルを授けるわけだが、その前に質問がある。

男は「どういうとき」に女を好きになるだろうか？

それは、もちろん好みの女性が目の前に現れたときもあるが、それ以上に大事なのが

「この女、落とせるんじゃね？」

と期待したときである。

1964年、心理学者ブルームが発表した「期待理論」によると、人間は、努力すれば報酬が得られると期待したとき初めて努力する。つまり、「この女は頑張れば手に入りそうだ」と思ったときに、男はその女を手に入れようと動き始めるのである。

しかし、注意しなければならないのは、

「この女、確実に俺にホレとるなあ」

と勘づかれると気持ちが冷めてしまうということだ。自分にホレている時点で、その女の価値が低く思えてしまうからである。

つまり、重要なのは、男に「この女、俺にホレとるなあ」という確信は持たせないが、同時に「もしかしたら、俺に気があるんじゃないか」と思わせるという、「疑わしいけど証拠がない」まさに恋の完全犯罪を成立させるということなのだ。

では、どうすればそんなトリックが可能になるだろうか？

結論を言うと

おさわり

である。

男という生き物は女が思っている以上に、ボディにタッチされると

「この女、俺に気があるんじゃね!?」

と勘違いしてしまう生き物なのである！

この重要性を叩き込むために、俺は女向けの恋愛講義を始めるとき、必ず授業前に生徒を全員起立させ次の言葉を唱和させることにしている。

「さわりまくって、ヤラせるな」

俺の授業に参加する１００人以上の熟女たちは、まずこの言葉を声高に30回叫んでから席に

つくのが常である。今、この授業を聞いているお前も、周囲を見回してみて問題なさそうであれば実際に声に出して唱《とな》えること。

しかし、俺がこの話をすると決まって

「要するに、男の体を触ればいいんでしょ」

と男の膝に手を置いたりするバカな女がいる。

お前はキャバ嬢かと。

キャバ嬢のおさわりは男がお金を払っているという条件だからこそ「完全犯罪」として成立しているのであり、普通の飲み会でそんなおさわりをしたら**完全にアウト**である。

ちなみにキャバ嬢的なおさわりは、

「男の膝に手を置く」

「『私、マッサージ得意なの』と言って男の体のツボを刺激する」

「『肌、綺麗だねー』と言って男の肌をなで続ける」

などがあり、これらのおさわりを初対面で使うと**キモい**と思われるので要注意。

繰り返すが、お前が身に付けなければならないのは、あくまで「自然なおさわり」であり、

「あなたのことが好きです」ということがバレない、アリバイのあるおさわりなのである。

——というわけで「自然なおさわり」が男を惚れさせるための究極の技術であることは理解できただろうが、「おさわり」分野の研究を重ねに重ねてきた俺が発見した技術

「おさわり四十八手」

を、ここであっさりとお前たちに教えてしまうのは正直、ためらわれる。

この「おさわり四十八手」が収められたエクセルシートであれば、最低でも10万円以上の価値はあり、全世界に存在する愛也ファン1000万人に販売すれば一兆円の売上げがあり、来年のフォーブスの資産長者番付で孫と柳井を超えることができるだろう。

しかし、それでも俺は、「おさわり四十八手」をお前たちに授けたい。

なぜなら、俺の目的は一兆円を稼ぐことではなく——一人でも多くの恋に悩む女たちに、笑顔でバージンロードを歩いてもらうことだからだ！（煌々《こうこう》と輝いた目を見開きながら）

それでは、今から究極の恋愛奥義《おうぎ》「おさわり四十八手」をお前たちに伝授する。

限界まで集中し、一つ残らず丸暗記すること。

「おさわり四十八手」

①**「ハイタッチ」**

共同作業を達成したときなどに行うおさわり。どんな状況にもこじつけて繰り出せるので積極的に狙っていくこと。

②**「ソフトビンタ」**

ツッコミを入れるときの技の一つ。少しでも失礼なことを言われたらすかさずソフトビンタを繰り出すこと。

③**「ショルダータックル」**

ツッコミを入れるときの技の一つ。こちらの肩を相手の肩にぶつけていくことでかなり効果の高いおさわりになる。

④「爆笑もたれかかりタッチ」

飲み会などで爆笑した時、手で口を覆いながら、隣にいる男の肩付近にもたれかかる。

⑤「メニュータッチ」

遠くに置いてあるメニューを取るときに、わざと男の身体に触れる。その際にさりげなく胸を当てられるようになったら上級者である。

⑥「どっこいしょタッチ」

座敷席などでトイレに立つ際、「ちょっとゴメンね」と男の肩を支えにして立ち上がる。この技にドキッとする男は多い。また、男の隣に座る際に、肩をつかんで横移動させるという「スライドタッチ」も同様の技である。

⑦「キモタッチ」

たとえば腹の筋肉が割れている男に対して、うっとりした視線で腹を触るとキャバ嬢タッチとなってしまうが「何このお腹、セミじゃん！」と「気持ち悪いもの」を触っている雰囲気を出すことで、逆に気持ち悪さを払しょくできる。

また、キモタッチは「筋肉」以外にも、次の部位などに対して有効である。

「浮き出た血管」「ぽっちゃり出た腹」「濃すぎる毛」「突き出た喉仏《のど》」etc……

⑧「**ベイビータッチ**」

「キモタッチ」と同じカテゴリーだが、こちらは「好奇心のあまり、つい触ってしまった」というタッチであり、まさに赤ちゃんが何でも触ってしまうことから「ベイビータッチ」と命名された。応用範囲は非常に広いので「好奇心がそそられる部位を見つけたら即触る」癖をつけておくこと。

「頭の絶壁」「福耳」「ダメージのありすぎるジーンズ」へのベイビータッチは基本だが、服のほつれや取れそうなボタンをタッチする⑨「**ミスターミニット**」。また、高等テクニックになるが、男の身体の傷口や傷跡に触る⑩「**ナイチンゲール**」は一発で男を落とせる大技なのでマスターしておくこと。

⑪「脂《あぶら》取り紙タッチ」

脂取り紙に代表される「物を使ったタッチ」はいやらしくならず、自然にタッチできる。同様に、男の服に何かこぼれたときなどの「おしぼりタッチ」も有効。

⑫「ハンドトゥーハンド」

ベイビータッチの一種であるが、「手、大きいね！」ないしは「手、小さいね！」からの流れで手の大きさを確認する際に、自分の手と相手の手を重ね合わすことができる。「好みの男と出会ったらまず手の大きさを確認」を合言葉にせよ。

⑬「ジョリジョリ確認」

通常であれば「キモタッチ」や「ベイビータッチ」に分類されるタッチだが、この「ジョリジョリ確認」に関してはあえて違うカテゴリーとした。というのもヒゲがジョリジョリしている男や、坊主頭の男に対して「触らせて！」と無邪気に言う女は多く、男は「女はジョリジョリが好きなんだなあ」という認識があるので、ジョリジョリしている部分に対しては無防備になっている。もしジョリジョリしている部分を見つけたらすぐさまタッチし、他の女に先を越された場合も、「私もジョリジョリしたい！」と便乗《びんじょう》（便ジョリ）しておくこと。

⑭「**シャラップタッチ**」

自分の秘密などをバラそうとする男の口を手で押さえつける方法。男と揉み合いに発展するケースもあるので確実に決めていきたい。

⑮「**逆サイドタッチ**」

人間の体は左右対称になっていることを利用して、たとえば「右腕の筋肉がすごい」という流れでタッチした場合、「左腕の筋肉はどうか」と左腕もタッチすることができる。一方を攻めたときは、必ず逆サイドが空いてないか確認すること。

⑯「**時刻確認**」

時間を見る時、あえて自分の時計ではなく、男の手を握って腕時計を見る。男がブランドモノの時計をしているときなどは、「時計確認」↓「時計奪取」のコンボが可能になる。

⑰**「時計奪取」**

時計に興味を示し「ちょっと見せて」などと言って時計を外させ、可能であればそのまま自分の腕につけてしまう高等技。うまくいけばそのまま腕時計を持ち帰って、次に会う口実を作ることもできる。また「奪取」に関連する技として「帽子奪取」「ｉＰａｄ奪取」「メガネ奪取」がある。

⑱**「メガネ奪取」**

メガネ奪取はぜひ日本の女性全員にマスターして欲しいタッチである（愛也的にもね）。まず、メガネ男子に対して「メガネ外したらどんな感じになるの?」と眼鏡を勝手に外す。もし成功したら、次に眼鏡をかけるときにも再びタッチすることができる⑲**「メガネかけ」**。しかし、メガネ男子はメガネを取られるのを嫌がるケースがある。というのもメガネ男子にとってメガネ無しの顔は女で言うところのスッピンだからだ。ただし、この場合はメガネを取られまいとする男と、メガネを奪おうとするお前との間で⑳**「メガネ綱引き」**という大技に発展することもあり、この場合メガネを取り合いながらどさくさに紛れて色んな部位に触ることができる。さらに、奪った眼鏡を自分でかける㉑「**エロ女教師化**」や、男の頭上にサングラスのようにメガネを乗せる㉒「**眼鏡グラサン化**」、メガネのフレームの先を耳の穴に入れぶらさげる㉓「**川畑化**」など様々な派生技が可能になるので「メガネ男子＝おさわりの練習台」として活用すること。

㉔「**ホスト扱い**」

男の服や時計が良いモノだった場合、「誰に買ってもらったの？」と因縁をつけて触ったり奪ったりすることができる。古典的な技だが、男に対して「あなたは女に貢《みつ》いでもらうくらい魅力ある男」だと暗に言うことができるので勘違いさせる効果がある。

㉕「**冷え性アピール**」

「冷え性」という、本来であれば女性の憎き特性を有効に活用。どれだけ自分の手先が冷えているかをアピールして相手にタッチさせる。おさわりするだけでなく「か弱さ」もアピールできる。

㉖「喝《かっ》タッチ」

一人でつまらなそうにしている男や眠くなっている男に対して「起きろ！」などと活《かつ》を入れながら叩く手法。誰にもかまってもらえていない寂しさが女からのタッチによって安心感に変わるので、一発でホレさせることが可能。

㉗「癖《くせ》直し」

貧乏ゆすりなど、「子どもの頃注意された癖」を持っている男をタッチによって矯正していくことで、母親を感じさせることができる。

㉘「腕相撲」

これは、俺の大学時代の知り合いの女が使っていた技で、その子はめちゃくちゃモテる先輩と付き合っていた。このタッチはその名のとおり、男と腕相撲をするだけなのだが、「私、腕相撲超強いよ」と男にガチで挑むのである。そして、負ける。だが、力の弱い者が本気で挑む姿がとにかく可愛いのである。これは腕相撲に限らず、女が男にガチで勝負を挑む可愛さは「鉄板」なので必ずマスターするように。俺も過去、鉄拳の10連コンボを必死にマスターして挑んできた女にホレたことがある(だが、結果は瞬殺であった。俺はゲームに関して女、子どもにも容赦《ようしゃ》しないタイプである)。

㉙「トラップタッチ」

男がトイレに行くときなどに手や足を出してつまずかせる。このような「イタズラ」は予定調和を崩す働きがあり、恋愛感情を抱かせる上で非常に有効である。また、タッチではないが「何かを渡すと見せかけて渡さない」や「相手から何かを奪う」などのイタズラは、いつでも自然に繰り出せるようになっておくこと。

㉚「パンツ出てる指摘」

かなりの大技であるが、慣れれば簡単にできる。男が何かを拾おうとしたときなど、服がめくれてズボンからパンツが出ることがあるが、「パンツ出てるし!」と言いながら引っ張るのである。あまりにも効果がある技なので、「モテたい」と言いながらこれをやってない女を見ると「この女は一体何をしているのか」と怒りすら覚えるときがある。

㉛「パフュームタッチ」
男が香水をつけていた場合などにブランド名を聞き、その流れで自分の手首についた香水を相手にかがせる動きでタッチする。さらに、手首の匂いをかがせると見せかけて、そのまま男の鼻に手首をぶつけるトラップタッチ㉜「パフュームアタック」という技もある。

㉝「アフターケアタッチ」
セクシーアピールと優しさアピールの二重の効果がある技。上着を脱いだときや振り向こうとした際に、男性の身体に自分の身体をぶつけ「ごめんねー」と言いながらぶつけた箇所をなで回す。

㉞「酔拳《すいけん》」
男が酔っぱらった女を好きになるケースが多いのは「酔っている」という事実のもと、普段よりも平気で男の身体を触っているからである。酔拳のバリエーションはかなり多様だが「いつまでもネクタイしてんじゃねーよ」などの㉟「ネクタイ引っ張り」や、意味なく男のポロシャツの襟《えり》を立てる㊱「シャレオツ化」などはマスターしておきたい。

㊲「カッケ確認」

酔拳との併用になるが、男の膝が目の前にある場合、カッケの部分にチョップを食らわせることでタッチすることができる。

㊳「生け花ヘア」

まるで生け花のごとく、男の髪の毛に何かを挿《さ》し込む技。店に飾ってある花を挿し込んだり、自分のヘアピンで男の髪をとめる技以外にも、男の耳の上に赤鉛筆を挿し込む㊴「競馬師」や、二次会のカラオケでAKB48の「Everyday, カチューシャ」を誰かが入れたときに、すかさず自分がつけていたカチューシャを男につけて、おいしい感じにしてやる㊵「AKB49」がある。

㊶「生え際《ぎわ》チェック」

男の髪の毛の生え際を確認する。生え際を確認した上で「全然大丈夫じゃん」と言ってあげると男は落ちる。

㊷

「既婚チェック」

男が既婚者かどうかを見るために、左手の薬指に指輪の跡がないか、手がむくんでいないかチェックする。かなりキワドイ技だが、男が結婚指輪をはずしてきていることがバレるとかなり動揺するので優位に立つことができる。既婚者を落としたいときに有効。

㊸

「天国から地獄」

小学生のときに流行る知識で、肘《ひじ》の裏の皮には神経が通っていないのでつねっても痛くないというものがある。会話の流れから肘の裏の皮をつねることに成功した場合、そこから「じゃあ、一番神経が通ってる場所って知ってる?」

そして、人体で一番神経が通っていると言われる足の親指の毛を抜くという技である。男としては、一番神経の通ってない場所と一番神経の通っている場所を触られることになるので心が揺さぶられることは間違いない。

㊹

「ユニクロサプライズ」

男の服がユニクロだという話の流れになった場合「え？　これユニクロなの？　見えない！」と驚きながら服を触る。

㊺「ドクロタッチ」

カジュアルなファッションではドクロマークが定番になりすぎたのか、ドクロをなんとかしようと「ウサギ＋ドクロ」や「リンゴ＋ドクロ」などのドクロマークが増殖している。これらのドクロは「可愛い！」の一言を添えれば簡単にタッチすることができる。

㊻「ラコステ餌《え》づけ」

男がラコステのポロシャツを着ている場合、トレードマークの「ワニ」に対して餌付けをするという名目で、野菜スティックをワニの口に刺すという技。さらにこの技が秀逸なのは、ラコステのマークがだいたい男の乳首の上に来るということである。また同様の方法として「ポロラルフローレンの馬を、野菜スティックのニンジンで突く」という手法もある。

㊼

「ギャルソン目つぶし」

コム・デ・ギャルソンのブランドマークの目に目つぶしを食らわすという名目でタッチすることができる。

㊽

「焼き鳥の串で米国傭《よう》兵の度胸試し」

男の手を押さえつけ、指の間にナイフに見たてた焼き鳥の串をガンガン刺していく。スリルによって男の気持ちを揺さぶることができる。

Lesson 3 ⋆ Summary

Theory 1

おさわり四十八手

男はボディタッチをされると
「この女、俺に気があるんじゃないか？」と
勘違いして好きになるという習性がある。
しかし、キャバクラ嬢のようないやらしいタッチはキモいと
思われてしまうので、自然なボディタッチである
「おさわり四十八手」をマスターすること。

第4講

ライフ・イズ・ビューティフル理論

Life is Beautiful Theory

30代、40代女子が結婚できない最大の理由

今回の講義では、男との「デート」中の振る舞いについて教えていく。

というのも、「デート」におけるスタンスに、30代、40代女子が**結婚できない最大の理由**が集約されているからだ。

ちなみに巷の恋愛本には、デート中の振る舞いとして「女は3話して7聞く」「待ち合わせには少し遅れていく」「行先は男に決めさせる」などと書いてあるのだが、こういったテクニックばかりに囚《とら》われると会話や行動が不自然になり気持ち悪くなることは、これまでに述べてきたとおりだ。

そこで、デート中にお前たちが気をつけなければならないのは次の一点である。

デートを楽しむ

言うまでもなくデートというのは共同作業である以上、盛り上がっているときは二人とも楽しいし、盛り下がっていれば二人ともつまらない。もしお前が「めちゃくちゃ楽しかった！」と言っているのに男が「クソつまらんかった」という状況が起こり得るのは、デート場所は雀荘で「男の捨て牌でお前が国士無双をアガった」くらいなものだ。

つまり、お前がデートを心から楽しめていれば、ほとんどの場合そのデートは成功ということになる。

では、「楽しめないデート」とは一体どういうものであろうか。

これは、大きく分けると二つのケースがある。

一つは「目的に執着している」ケース。どうしても目の前の男を彼氏にしたい。結婚したい。そういう目的に執着すると、テンパって全然楽しめない。もちろん、男もテンパっている女と一緒にいても楽しくない。

この状況を防ぐには――**「仮氏理論」**である。リメンバー・カリシである。場合によっては何人もの仮氏を作り、執着を分散し、会話に余裕を生むのである。

ただ、ここで注意したいのが、デート中に自分の価値を高めるために「最近男に口説かれている」「男友達が多い」など、**男の存在を匂わす発言をしてはならない。**

これは逆の立場の場合、つまり男が女に対して「最近、他の女と仲良くなっている」「女友達が多い」ことを言うと、女はその男に対して評価を上げるという傾向があるので理解し難いかもしれない。

しかし、男は女の周囲に男の匂いを感じると「男友達の中に元彼がまざっているんじゃないか？」とか「話に出ているその男とはすでに肉体関係があるんじゃないか？」などと考え、

「この女、やめとこ」

と心が折れてしまうのである。繰り返すが男は「価値ある女」を求めている。他の男に落ちていることが判明した女の価値はストップ安になると心得よ。

それではデートが楽しめないもう一つのケースを説明しよう。

そして、これこそが現代社会で多くのアラサー、アラフォー女子が結婚できない最大の理由

なのだが

「値踏み」

である。

年齢を重ねるごとに相手を「値踏み」する癖がついてしまい、デート中、ありとあらゆるシーンで男を値踏みしてしまうのでどんどんデートが楽しくなくなっていく。

たとえば、最初のデートで

デートの待ち合わせ場所が「駅の改札」　マイナス15点
男がスーツ姿なのに「リュックサック」　マイナス30点
ハンカチを取り出して「汗を拭《ふ》いた」　マイナス15点
チョイスした映画が「ヘルタースケルター*」　マイナス50点

＊ヘルタースケルター
岡崎京子原作の映画。全身整形を行った主人公・りりこはその後遺症に悩まされ、周囲を巻き込んで破滅していく。女優・沢尻エリカ復帰作であり、ヌードに挑戦したことでも話題となった。

このように男を値踏みすることで、デート開始直後からお前のテンションはダダ下がっていくのである。

そして、すでにこの時点で、お前はこの日のデートを女子会の話のネタにしようと考え始めている。


（数日後）

「聞いてよ！　待ち合わせ場所が新宿駅の南口改札って時点で危ないとは思ってたんだけど、やっぱり期待を裏切らなかったわ。リュックサックで登場だよ。行き先、高尾山かっつーの！（爆）しかも『暑いね〜』とか言ってハンカチ取り出して汗拭き始めたのよ。思わず『今日は外回りですか？』って聞きそうになったわ！　それから5秒に1回は『どうする？』って聞いてきて、もうしょうがないからとりあえず映画行こうって私が言ったんだけど、『あ、観たい映画がある！』って言うからタイトル聞いたら『ヘルタースケルター』て、いやいや私も観たいっちゃ観たいけど、最初のデートで一緒に沢尻の裸見てどうやって盛り上がれっつーの！で、結局観たんだけど、また沢尻の乳首が綺麗なわけ！」

女友達「マジで!?」

（以下、男の存在は忘れ去られ、沢尻の乳首で小1時間盛り上がる）

確かに、このようなガールズトークで男をバカにするのは楽しいのであるが、「何かを得るには何かを捨てなければならない」という世界の真理に基づき、この女は「自分のプライドを保つ」ことと引き換えに、大事なものを捨てることになる。

それは、この男の「魅力の可能性」である。

もしかしたら、この男は貯金が3000万円くらいあるかもしれない。好きになった人には惜しみなくプレゼントするタイプかもしれない。浮気しないタイプかもしれない。すごく優しい一面があったり、頼りになるかもしれない。実は福山雅治の友達かもしれないし、福山雅治の親族かもしれないし、よくよく見たら福山雅治に見える奇跡の角度があるかもしれない。

しかし、「値踏み」によってテンションを下げたお前は、この男のそういう部分に触れることはなく、さらにこの思考回路がパターン化されていくことで、他の男に対しても同様の振る舞いをすることになるだろう。

だが、「値踏み」をすることが間違っているのだとしても、男の変な格好や行動、店のチョイスに対して我慢すればいいかというと問題はそう簡単ではない。

そもそも「我慢」という行為は人間にとって一番楽しくないのである。

そして、繰り返すが、デートで最も優先すべきは楽しむことである。

「我慢をしない」

「デートを楽しむ」

一見矛盾するこの問題を解決するには、どうしたらいいだろうか？

実は、この問題は**たった一言の魔法の言葉**によって解消される。

さらに、この言葉は、デート中にお前の魅力を上げるだけでなく、男にとってお前を「結婚対象」として強く認識させる効果がある。

なぜなら、この魔法の言葉を使う女こそが、男にとっての**「理想の結婚相手」**だからである。

もしお前が理想の男と結ばれ子供が生まれたら、「ママ」や「パパ」という言葉より先にこの言葉を教えてやってほしい。天井に吊るしてクルクル回るタイプの玩具にこの言葉を書いた半紙をぶら下げていてほしい。この言葉を教え込んだインコを200羽程度街に放してほしい。

それくらい、人生そのものを支配する「一言」なのである。

——では、発表しよう。

お前を「理想の結婚相手」にしてしまう魔法の一言とはこれだ。

逆に、楽しい

デート中、何が起きても「逆に、楽しい」と言っておけ。

男が行先を全然決めなくても、店の予約ができていなくても、しょうもない店に連れていっても、なんなら食事中にウンコをもらしても「逆に、楽しい！」と思い、できるだけ口に出せ。

ウンコまみれのまま「逆に、超楽しいんですけどー！」である。

このことを聞いて、お前たちは「いやいや全然楽しくねーし」と思っているだろう。

しかし、ここで改めて思い出すべき世界の真理は、

すべての出来事には「プラス面」と「マイナス面」がある。

たとえば、就職活動で一流企業に就職する。これは一見「プラス」に見えるが、もしかしたら本当にやりたいことが見つかったとき、手に入れた「一流企業」という看板が足かせになって自由を奪われるかもしれない。

朝昼晩の食事と昼寝付きの最高の環境を提供してくれる。これは「プラス」に見えるが、そのうち最高級のA5ランクの肉にされてしまう、そんな「牛」もいるかもしれない。

生物界の頂点に立ち栄華と繁栄の限りを尽くすという「プラス」の裏側で、地球から見放され滅亡する、そんな「人類」もいるかもしれない。

また、なかなか彼氏が見つからないという「マイナス」の状況も、もっと男の人の魅力を見つけようとか、自分を魅力的に成長させようと考えるきっかけになるのは「プラス」だと言える。

要するに、物事の「表を見るか裏を見るか」ということなのであるが、人間は、物事に対して一方的な見方をすることに慣れてしまっているのでそのことに気づかない。

そこで、「逆に楽しい」という言葉は**物事に隠された意味を見つける呼び水**になるのだ。

とりあえず、全然楽しい出来事でなくても「逆に楽しい！」と思ってみる。

すると脳みそが

「え？　これ楽しいんでっか？」

と混乱する。そして混乱した脳みそは納得しようと、楽しいことを見つけ出そうするのだ。

そして最終的には

「ご主人様が『逆に楽しい』と言わはったのはこのことかいな?」

と思って、何かを見つけてくるのである。

これが**「ライフ・イズ・ビューティフル理論」**であり、世界はすべてにおいて美しい側面を持っているのである。

——結婚とは、今後の人生を一緒に過ごしていくパートナーを決める行為である。

そして、長い人生の中では、身体を悪くしたり、収入を失ったり、トラブルに巻き込まれたり、様々な問題が起きることもあるだろう。

そんなとき「逆に楽しい!」と思える女を、男は生涯のパートナーとして求めている。

Lesson 4 ＊ Summary

Theory 1

ライフ・イズ・ビューティフル理論

デートで最優先すべきは「楽しむ」こと。

そのためには、男を値踏みしてしまう思考回路を止め、

デート中、男に対して「これはないわ」と思ったら、

すぐさま「逆に楽しい！」と考え、楽しい面に目を向けること。

この思考回路を持つことで、男にとっての

「理想の結婚相手」になることができる。

第5講 シックスセンス理論

Six Sense Theory

男の浮気を防ぐ方法

今からお前たちに教える恋愛理論によって、俺は、確実に多くの男たちから恨《うら》みを買うことになる。

もしかしたら、俺は、死ぬかもしれない。

この本が世に出回るや否や、俺は突然部屋に乱入してきた男たちに十字架を背負わされ、その十字架に磔《はりつけ》にされた俺は脇腹を槍《やり》で貫かれ、肩まで伸びた長髪を振り乱し息果てるのだ。そしてその槍は、イエス・キリストの脇腹を刺した兵士の名を取ってロンギヌスの槍と呼ばれたように「タイガー・ウッズの槍」として後世語り継がれることになるだろう。

今回の講義は――**「男の浮気を防ぐ方法」**である。

さて、人類がこの地球上に存在してからというもの、浮気は常に社会問題の中心にあり続けてきた。そして多くの恋愛本は「遺伝子をばらまきたい」という男の本能に屈し、「男は浮気する生き物だからあきらめなさい」という教えをアホみたいな顔で繰り返してきた。

しかし、お前たちもすでに知っているとおり、この愛也が最も嫌うこと、それは「妥協」である。

お前たちが男の浮気を防ぎたいと願う以上、その想い、かなえてやるのがイエス・アイヤが現世に出現した使命なのだ。

そこで今から、

「それをやられたら浮気ができなくなるからやめて！」

と思わず男が叫びたくなる話をしていこう。

ただ、その前に、男の浮気を防ぐ上で**絶対してはならないこと**を教えておく。

それは、男に対して

「浮気してもいいよ」と言う

である。

これは意外な事実なのだが、世の中には男に対して「浮気してもいいよ」と言う女が多数存在する。それは、あえて心の広い女を演じることで「こんなに優しい女を泣かせてはいけない」と男に思わせるという、イソップ童話の「北風と太陽」でいうところの太陽的な戦略であり、実際に「男は『浮気してもいいよ』と言われた方が浮気できない」と書いてある恋愛本も存在するが、**絶対にヤメろ。**

「浮気してもいいよ」と言われた男が考えることはただ一つ、

ごっつぁんです

である。

そして、実際にこの手の不幸の報告が後を絶たない。

これは実際にあった話なのだが、ある女が付き合っている男から「今度飲み会するから店を予約しておいて欲しい」と驚愕の依頼をされたのだが、男に「これは友達同士の持ち回りが回ってきただけだから全然そういう気持ちはないし」みたいなことを言われたので「男のわがままを聞いてあげる心の広い女でいよう」と思い、予約をしたそうである。

結果、男はその飲み会で出会った女と浮気して、その女と付き合うことになった。

俺が今から言うことを頭に刻み込んでおけ。

「浮気してもいいよ」と言うくらいなら「浮気したら殺す」と言え。「何の躊躇《ためら》いもなく頸《けい》動脈を狙いに行くからごめんあそばせ」と言い放て。

人類の歴史を顧《かえり》みれば分かるように、いつの時代も人間の行動を統制してきたのは、優しさではなく**恐怖**であった。

鬼のような顔をした怖い先生の言う事は皆聞くが、何をしても怒らない優しい先生は、最終的にクラスの悪ガキに飛び蹴りをかまされることになる。

優しさは、往々にして「甘え」の温床となるのだ。

浮気されたくないのなら、絶対に男を甘えさせるな。

――だが、「浮気を許さない」という名目で、男の携帯電話や手帳を盗み見たりするのは愚の骨頂である。相手を疑うというのは、いかに自分に自信がないか、そして相手を人間として信用していないかを露呈する行為であり、まず100%の確率で嫌われる。もし何らかのトラップを仕掛けたり、男が浮気しているかどうかを調査するのは、慰謝料を請求することを前提とした裁判対策のみである。

だが、男に「浮気したら殺される」という恐怖を刷《す》り込むことに成功したとしても、浮気対策は万全ではない。

なぜなら男側に「浮気してもバレない」という自信がある場合、やはり男は浮気に走ってしまうからだ。

それを防ぐのは次の台詞である。

「私、分かっちゃうんだよね」

さらに、

「自分でもこの『能力』が嫌になるときがあるの（ため息交じりで）」

――そう。

「浮気したら殺される」に加えて、自分はある種の超能力――シックスセンス（第六感）の持ち主であることを男に刷り込むのである。できれば、自分が超能力者であるという事実はできるだけ早い段階で刷り込むこと。時間が経ってから「私、実はシックスセンスが……」と言い出しても、それは長年売れてなかった芸人が突然キャラを変えるのと同様で「そういうキャラを演じてるだけじゃねえの？」と疑われてしまう。

また、かなり悪どいやり方になるが、最初に「奇跡」を見せておくという手もある。あらかじめ男に関して知っていた情報を使って

「あなた○○でしょ」

と言い当てて

「なんで分かったの!?」

と驚かせておいて、

「私、分かっちゃうんだよね」

からの、

「たまに、自分でもこの『能力』が嫌になるときがあるの（ため息交じりで）」

のコンボである。

また、さすがにそこまではできないという者も、日頃から表情や口調を注意深く観察して相手の状態を見抜けるようにしておくこと。そして、男がつらそうにしているときや、悩み事を抱えていたりするときに「大丈夫？」「無理しないで」とうまくフォローしてやる。

さらに、

「あなたって顔に出るタイプね」

と言ったり
「あなたには○○のとき○○する癖がある」

と**本人が気づいていない癖を見抜く**ことで「ああ、この女の前ではウソはつけないな」と思うようになり、男の浮気を予防することが可能になるのだ。

これが、俺の提唱する

シックスセンス理論

であり、
やり方としては、**霊感商法と同じ手口**である。

Theory 1

「シックスセンス理論」

男に対して「浮気してもいいよ」と絶対言ってはならない。
浮気を防ぐには「浮気をしたらとんでもない罰が待っている」という
恐怖を持たせ、さらに、「自分にはウソを見抜く能力がある」と
刷り込むことで浮気を予防すること。

箸休め講義

SATC臭

"Foul Smell of Sex and the City"

どれだけ美人でも、男から口説かれなくなる悪魔のオーラ

ある一部の女が持つ、**負のオーラ**というものが存在する。
そのオーラを身にまとってしまうと、どれだけ美人だろうがお洒落に気を遣っていようが**絶対に男から口説かれない。**また、このオーラの存在を男たちに話すと
「それめっちゃ分かる!」
と強く共感される、恐怖のオーラである。

ちなみに、その「負のオーラ」を持つ女は、見なくても分かることがある。

先日、カフェにいたとき、後ろの席から女の話声が聞えてきたのだが、
「もしかしたら、例のオーラを持つ女じゃないか？」
と思い振り返ってみたところ、予想どおりだった。
このときは、**声のトーン**で分かった。
声が少し大きめで、何かを責めるような、攻撃するようなトーンなのである。
笑い声も大きい。
そして、その笑い方が微妙に**下品**なのである。
この、ある特定の女が持つ「負のオーラ」を俺は

セックス・アンド・ザ・シティ臭《しゅう》（ＳＡＴＣ臭）

と呼び、スパルタ婚活塾生たちがこの臭いを放っていないか常に鼻をヒクヒクさせてきた。

映画化もされた海外の人気ドラマＳＡＴＣは、当時仲の良かった女から

「死ぬほど面白いから観て」

と勧められ、TSUTAYAで一気に三本くらい借りて観たのだが、死ぬほどつまらなかった。

いや、つまらないという次元ではなく、単純に**気持ち悪かった。**

しかし、逆に「どうしてこのドラマは男が見ると気持ち悪いのだろう」という好奇心がわいてきて、ドラマも映画もどんどん見ていったのだが、結論を言えば、このドラマに出て来る四人組が実際にいたとしたら**死ぬほどモテない**のである。

特に一番モテなそうなのは、主人公の、あの**馬面の女**である。

そしてあの馬面と同じ空気をまとった女が、20代後半~30代女性に続出しているのである。

ただ、これは雰囲気やオーラの問題なので、その特徴を的確に表現するのは難しいのだが、あえて特徴を挙げるとすれば次のようになる。

「SATC臭の特徴」

□声が優しくない

全体的にハキハキしていて、常に何かを責めているような口調。声も少し大きい。

□服とメイクの色が若干濃い

これは「厚化粧」とか「派手な服」というわけではなく、女性誌に掲載されてそうなお洒落なファッションなのだが、若干、色が濃いのである。そして全体的にパキッとしている。またSATC臭を放つ女たちはかなり高級なブランドのバッグなどを持っている場合が多い（たとえばヴィトンの中でも特に値段が高いやつだったりする）。

□自虐《じぎゃく》ネタを多用する

SATC臭を放つ女たちの会話を聞くと「マジ、最近セックスしてなくて」的な、自分をおとしめるような発言をしていて、それに手を叩いてバカ笑いしていたりする。

俺はこの「SATC臭」の存在にいち早く気づき研究を進めてきた第一人者であるが、最

近の研究では、この「SATC臭」の臭いの元は
「老いに対する不安」
なのではないか、ということが分かってきた。自分が年齢を重ねることによって男からちやほやされなくなる、若い女からナメられる、そんな状況に対して自分のプライドを守ろうとする防衛本能ではないかと思われる。

SATCで女たちが着ている「濃い色の服」というのは、値段が高く、若い女からするとなかなか手が届かないブランド品だったりする。その時点で若い女に対して「お前たちとは違うんだよ、この小娘が」的な攻撃とも言えるし、生物学的にも、たとえば毒を持つヘビやカエルは**濃い原色**であることを考えると、無意識に「威嚇《いかく》」を意図したものなのかもしれない。

声のトーンに関しても、男が「可愛らしい」と考える声は、「媚《こ》びた声」であり、その媚びに対する否定が「ハキハキ」として「責める」口調になっていくのだろう。

そして「自虐ネタ」を多用する理由は、**安心**である。

自分が老いていくことに対する不安を他の女性と共有することで安心を得ているのだ。

こうして考えてみると、老いによってプライドが傷つけられることを恐れる心理がSAT

C臭を生み出しており、また、そのSATC臭が男を遠ざけるわけだから、さらにSATC臭は濃くなっていき、ますますモテなくなるという悪循環が起きていると言えるだろう。

さて。

ではこのSATC臭を消臭するにはどうしたらいいかということなのだが、SATC臭は男性で言うところの「加齢臭」みたいなものであり、小手先のテクニックで消すことは難しい。

しかし、思い当たるふしのある者は、まず「セックス・アンド・ザ・シティ」のDVDを今すぐ叩き割り、男性に好まれる雰囲気を持つ女優の映画を繰り返し見ることから始めよ。

その女優の名前は

メグ・ライアン

と

レニー・ゼルウィガー

である。

この二人は生まれつきの美しさに頼らず、口調や仕草、リアクションによって男を勃起させられる魅力を持つ女である。

特に、メグ・ライアンの「フレンチ・キス」で、相手役の泥棒からネックレスを渡されたときのリアクションはもうハンパなく可愛いので、最低30回は巻き戻して見て、確実にモノにすること。

また、レニー・ゼルウィガーの「恋は邪魔者」という映画で音楽に合わせて白目を剥《む》くシーンがあるのだが、これがめちゃくちゃ笑えるので、これはもう男にモテるとかモテないとか関係なくマスターしておくこと。

Side Dish Lesson ⋆ Summary

Theory 0

SATC臭

20代後半から一部のハイクラスの女が
まとい始める雰囲気のこと。
お洒落で美人ではあるが、男はこの雰囲気を持つ女を
口説く気になれないので、
自分がＳＡＴＣ臭を放ち始めていないか
常に警戒を怠らないこと。

恋愛基礎体力教室

Fitness for Love Class

この教室で学ぶ恋愛理論

・アウェイ理論
・転生の禊《みそぎ》
・性転換理論
・リアクションの原則

第6講

アウェイ理論

Away Theory

魅力的なコミュニケーションは外見を超越する！

それではいよいよ本講から**「コミュニケーション」「ファッション」「立ちション」**という魅力の「三大ション」をお前たちに叩き込んでいくことになるのだが、今回はその中でも最も奥が深い「コミュニケーション」だ。

たとえばテレビの婚活番組を見ていると、画面に登場する一般人の女のコミュニケーションを見て多くの男たちが一瞬で

「これじゃあ結婚できんわ」

と思うだろう。

しかし、なぜその女の会話がダメなのかが男から説明されることはない。

それは極めて「感覚的」なものだからだ。

そこで俺は、その感覚的なものをどう説明したら伝わるのか考え続けてきたのだが、たまたま家の近所の弁当屋のおばちゃんと話しているときに、

「これだ！」

と気づくことができた。

俺は毎朝ランニングをしており、その帰り道に弁当を買うのだが、あまりお客がいない時間帯に行ったときに弁当屋のおばちゃんが
「今日は風が強いのに大変ですね」

と話しかけてきた。さらに、

「いつもどれくらい走るんですか」

と聞かれたので
「5キロくらいですかね」

と適当に答えたところ、おばちゃんは
「5キロ！」

と驚いて、さらに

「……って長いんですか？　私走らないもので。すみません（笑）」

と言ってきた。思わず笑ってしまった俺はつい色々話をしてしまい、会話の流れで「何の仕事をしてるんですか？」と聞かれたので「文章を書いています」と答えたら

「ええ!?　すごい！」

とまた驚いて、そしてその頃にはお弁当の準備が整っていたので、おばちゃんはお弁当を差し出しながら

「私、すごい人にお弁当売ってるんですねぇ」

これで会話が終わったのだが、正直、俺が熟女好きということを差し引いても、多くの男がこのおばちゃんには惚れると思った。それほどまでにこのおばちゃんはコミュニケーションの達人だったのだ。

――さて、ここからが本題である。

このおばちゃんの会話をテクニカルに分析するのであれば

「相手に興味を持って、相手のことをホメる」

になるだろう。

しかし婚活のテレビ番組に出ていた女たちも皆、「相手に興味を持って、相手のことをホメていた」のである。

しかし、後者の女たちは男からすると全然ダメなのである。

なぜか？

それは、婚活女たちの会話は**不自然**だからだ。

では、なぜ彼女たちの会話は不自然に映るのだろうか？

それは、婚活女たちが口にしているのは「本音」ではなく、その背後に「目的」を持った、「ある種のウソ」だからである。

彼女たちの心の流れを表すと次のようになる。

男に気に入られたい　↓　その男をホメよう

つまりは下心があるのだが、その下心が透《す》けて見えてしまうので、不自然で気持ち悪くなるのである。
それは、服屋で**「これお客様に似合いますよ!」と言いまくってくる店員**のようなものだ。似合うというホメ言葉の向こうには「服を売りつけたい」という下心が透けてしまっているから気持ち悪い。

つまり、重要なのは
弁当屋のおばちゃんが「ホメてくれた」ことではなく
弁当屋のおばちゃんのホメ方が**自然だった**ことなのである。
そして、婚活をする女、好きな男を振り向かせたい女にとって大事なのは、「相手をホメる」とか「聞き上手になる」というテクニックではなく、
「自然なポジティブさ」
なのである。
弁当屋のおばちゃんの会話が魅力的だったのは

・表情に愛きょうがある
・声のトーンが明るい

・会話のリズムが良い
・周囲に人がいないときに話しかけている（空気を読んでいる）
・ウソを言わず本音で話している
・会話そのものを楽しんでいる
・会話に慣れているので言葉がよどみなく出ているetc……

多くの要素によって成り立っており、かつ、これらをすべて「意識」しながら会話を進めるのは不可能である。

では、どうすればこの弁当屋のおばちゃんのようなコミュニケーション能力を身に付けることができるのだろうか？

それはまさに、弁当屋のおばちゃんが日々実践していることであり、それを一言で言うと

「自分の肩書が通用しない場所でのコミュニケーションの機会を増やす」

である。

弁当屋のおばちゃんは、見ず知らずの人に対して毎日話しかけ、ストレスと緊張を伴いながら、日々コミュニケーションを繰り返してきた。だから、達人の域に成長することができたのだろう。

しかし多くの者たちは、自分の肩書が通用する場所や、すでにポジションの確立した場所でコミュニケーションを行っている。世の多くの者たちが学歴や一流企業というブランドにこだわるのも、こうした安全地帯を増やしたいからなのかもしれない。

たとえばお前が「総理大臣」だったらパーティに出席にしてぽつりと

「このパーティ、いいね」

と言うだけで周囲を喜ばせることができる。なんなら、

「酔った」

という3文字だけでも

「酔った」→「っていうことはこのパーティが楽しいからってこと?」

と解釈され、やっぱり場を和ませることができてしまう。

だが、もしこんなコミュニケーションばかり取っていたら、コミュニケーション能力は、日々劣化していくことになるだろう。

本音を言えば、俺はお前たちに**毎日弁当を売らせたい。**

もしお前にコミュニケーション能力が欠けているなら、普通に仕事をするより弁当を売りながらお客に話しかける訓練をした方が、結婚には遥かに近道である。

しかし、現実的に難しいだろうから、誰でも実践できる方法として
「自分の肩書が通用しないコミュニティで会話をする」

という**「アウェイ理論」**を提唱している。

自分の肩書が通用せず、こちらから話しかけたり気を遣わなければならない「アウェイ」に出向いて会話をせよ。

人の集まるコミュニティというのは序列を作ってまとまっているので、新しい人間が来ると警戒したり排除しようと動くことがある。また、そのコミュニティがお前に与えるストレスが高ければ高いほど「好かれる」ために工夫する必要があり「自然でポジティブなコミュニケーション」を訓練するための格好の場となるだろう。

そして、このアウェイ理論を実践し続ける覚悟を持った者のみ――今から記す具体的な『恋愛トークテクニック』に目を通すことを許可する。

繰り返すが、テクニックはあくまでテクニックでしかない。「相手をホメる」というテクニ

ックを覚えたところで、実践を通して自然なコミュニケーションを身につけなければ意味がないことはすでに述べたとおりだ。

コミュニケーションは実践でしか鍛えられない。

つまり、以下に記す技術を覚えるというよりも、

「ああ、はいはいこの技ね。これなら私完璧に使いこなしてるわ（ムダ毛を処理しながら）」

くらいの状態を目指すこと。

それでは、具体的な『恋愛トークテクニック』を紹介しよう。

『ぶっちゃけ換気扇《せん》』

会話をしているとき（この人とは壁があるな……）と感じる瞬間はないだろうか。その状態の会話はストレスが強く、相手と深い関係になることは難しい。その理由は

「思っていることを口に出せていない状態」

だからである。

例えば、初デートで男がダサい格好をしてきたとしよう。その男に対してお前は（こんな男

と一緒にいるところを友達に見られたら恥ずかしいなぁ）（恋人みたいに見られたら嫌だなぁ）と思ったとしても、

「その服、ダサくない!?」

と口に出せてしまえばあまり気にならないし、その後の会話は弾んでいく。

つまり、お互い気まずい空気のまま会話を進めるのではなく、その気まずさを思い切って口に出し換気することが重要なのだ。

しかし、口に出せない言葉というのは、相手の気分を害する可能性のある言葉でもある。

そこで、「思いきって言っちゃうけど」と前置きしたり、表情や口調には十分気を遣う必要があるだろう。

ちなみに、先日ツイッターで「男がデートの食事代を割り勘してきた。最低の男だ」とつぶやき、それに対して他の女たちが一斉に「最低の男だ！」と擁護《ようご》する現象が起きた。割り勘にされた女は自分のプライドを傷つけられ、「この男、ないわ」と決別しているのだろうが、たとえば店を出るとき、レジ前で割り勘にしてきた男に次の台詞を言ったらどうなるか。

「割り勘？　全然良いけど、**私のこと軽く見てない？**」

もちろん、「言い方」「口調」には気を付けなければならない。あくまで冗談ぽく、しかし

「本音」を会話に投げ込むのだ。

この『ぶっちゃけ』が成功したら、男との距離は劇的に縮まるだろう。男も割り勘に対しては罪悪感を持っており、「口にできていない心の中の言葉」があるからだ。「実は、給料日前で厳しくて。次はおごるから」などと言ってくるかもしれない。

「そういう話は二次会で詳しく聞くわ。もちろん二次会はあんたのおごりで」

これくらいの台詞がすらすら出てくるようになればモテる女の仲間入りである。

デート中に嫌な気分になったり気まずい空気を感じたときは、「こいつないわ」と切り捨てるのではなく、『ぶっちゃけ換気扇』の練習台として使うこと。

『自アゲ』

『自虐』という言葉がある。自分を下げる笑いの取り方であり、対人サービスとしては優れているが、唯一、**恋愛において『自虐』は厳禁**である。

知り合いで笑いのセンスの高い女がいる。その女はもう何年も彼氏がいないのだが、飲み会の二次会のカラオケで酔っぱらった男が服を脱いだ瞬間、他の女が悲鳴を上げて目を隠すのを尻目に、「滅多に見れないから」という理由で「チンポを拝《おが》む」というギャグを繰り出していた。その場にいた皆は爆笑したが、男たちは笑いながらその女を彼女候補から外していたことは言うまでもない。

絶対に、自分が「モテない」ということを笑いに変えてはならない。

それは、自分に女としての価値がないことを宣言することになるからだ。

しかしこういうことを言うと「じゃあ女は笑いも取らず清純ぶってろってこと?」と言ってくる女が必ずいるが、そういう女の顔面をバーニャ・カウダのアンチョビソースにねじ込みながらこう言うことになるだろう。

『自虐』をするなら『自アゲ』をしろ!

そもそも笑いとは、自分を下げたときだけに生まれるものではない。「過剰」なものはすべて笑いになる。つまり

「滅多に見れないチンポを拝む」もギャグであるが、同時に

「ジョニー・デップが最近どうも私にホレてるっぽくて、ウザい」もギャグである。

そして『自アゲ』のパターンであれば自分の価値を下げずに笑いにすることができる。

自分の得意なパターンだからと言って、相手のニーズを無視して**自虐に逃げるな**。優秀なコ

ミュニケーターは、同性の前では『自虐』、異性の前では『自アゲ』を使い分けている。

『吊り橋トーク』『悪戯《いたずら》トーク』

「魅力とは予定調和を崩すこと」であり、そのために有効なのが『吊り橋トーク』『悪戯トーク』である。

『吊り橋トーク』は第2講で説明したが、『悪戯トーク』とは男を「ひっかけ」たり「ちょっかいを出す」会話であり、優秀な女は小学校低学年の時点でこの技を習得している。しかし、幼少期に身に付けられなかった女たちは「そういうキャラじゃない」ということで習得することが格段に難しくなる。

しかし恋愛においてはかなり有効な技術なので、最もシンプルな「悪戯トーク」の例を見せておく。

(例)

女「ズボンのチャック開いてるよ」

男「え?」
女「ウソ!」

この「ウソ!」が予定調和を崩す最初の一歩であり、水泳における「バタ足」、サッカーにおける「サイドキック」、キス前の「フリスク」にあたる。この技をマスターしてから徐々に悪戯レベルを上げていくこと。

『建前と本音のジレンマ』

よく魅力のある人を「あの人は愛きょうがある」と表現するが、この「愛きょう」とは一体何だろうか?
「愛きょう」には様々な形があるが、その一つの定義として
「愛きょう」＝**『建前』と『本音』の間で揺れ動いている人間**
ということになる。
頑張って聞き上手に徹《てっ》したり、甲斐甲斐《かいがい》しく働くことは男に対する「サービス」だが、サー

ビスであるがゆえにその裏に何か目的があるのではないかと勘ぐられてしまう。これは**「建前オンリー」**のコミュニケーションゆえに起きる問題である。

しかし、逆に、デート中に「つまらない」「もう歩きたくない」「こんな安い店絶対嫌」などと思ったことをそのまま口にするのは、単なるわがままな女だ。これが**「本音オンリー」**のコミュニケーションである。

つまり、「建前」だけでは、本音を隠しているようでウソ臭く思え、「本音」だけだと相手に対する「気遣い」がないので嫌われるのである。

そこで魅力的な人間は、この「建前」と「本音」を両方同時に出す。

たとえば、男から「すごく面白い映画がある」と誘われて一緒に見たがつまらなかった場合。「建前オンリー」だと、相手に合わせて

「面白かった」

と言うことになるが、しかし口調や表情から(本当は面白くなかったのにウソをついてるんじゃないか)と男に思われてしまい、魅力が乏しい。

しかし「本音オンリー」で

「つまらなかった」

と平然と言い切ってしまうと、「なんだよこのわがままな女は」となる。

ここで「本音と建前」を同時に出すとどうなるだろうか？

たとえば、

例1（言いづらそうに）**「面白……かった。うん、すごく面白かった……かな」**

例2（映画の話題を完全にスルーして）**「とりあえず、ポップコーンはすごいおいしかった！」**

例3 **「観終わってからの議論が面白くなりそうな映画だったよね」**


つまり「映画はつまらなかったが、男が『面白い』と言っている手前、それをはっきりと口に出せない状態」になっており、その「気遣い」と「本音」の間で揺れ動く女を男は可愛らしいと思うのである。

特に、婚活を頑張ろうとする女は真面目なので、相手に気を遣う「建前オンリー」のトークになりがち。すると自分の本音を出すという「相手から嫌われるリスク」が取れない。だからモテないのだ。

そんな女が『建前と本音のジレンマ』を使いこなすにはコツがある。

まず、相手に合わせることをやめ、**本音を口に出すことをベースに会話をする。**ただ、そのとき、「あ、これだと相手を傷つけてしまうかも……」というセンサーが働くので、そのとき口に出そうとしている言葉を「建前」でコーティングするのだ。最初は難しいが、慣れれば使いこなせるようになる。

『ホメ進化論』

ほぼすべての恋愛本に「男はホメ言葉に弱いからどんどんホメること」と書いてあり、確かに男は女にホメられたくて頑張る生き物であるから正しいのだが、ただホメるだけでは相手の心に響かない。

ホメることが大事なのは当たり前。重要なのは、「ホメ方」である。

まず、必ず押さえておきたいホメ方は「他の人が見つけていない魅力を見つけてホメる」方法で、恋愛エキスパートたちの間で、新しい渡航ルートを発見した伝説の航海者の名前にちなんで「**マゼラン**」と呼ばれる技術である。

さらに、男を「君、すごいね」とホメてから「……ていうか、マジですごくない!?」と繰り返し、「ていうか《T》」「マジで《M》」の2フレーズでホメ言葉を強調する「**TM強調**」。さらに、しばらく経ってから、

「……ていうか《T》、さっき《S》の話マジ《M》ですごくない?」

と3フレーズで強調する「**TSM強調**」など、現状確認されているだけでも2万を超えるホメ技があるので、創意工夫を怠《おこた》らないこと。

——ここで紹介したもの以外にも様々なコミュニケーションの技が存在するが、実践を繰り返すことでオリジナルの技を生み出すこともできるだろう。また、コミュニケーション能力の高い女を見かけたら**その女と一緒に過ごす**ことを心がけよ。コミュニケーションには「**伝染する**」という特徴があり、飛躍的に能力を伸ばすことができる。

それでは次に、「**地雷トーク**」についても触れておきたい。

『自虐』の項目でも触れたが、「その一言を口にすると、男を一気に冷めさせる」言葉が存在する。驚くほど多くの女が無意識のうちに地雷トークを口にしているので、必ず回避すること。

『元彼トーク』

女の中には「元彼が最低なやつだった」「昔、男に遊ばれた」などと言って目の前の男に対して「浮気しないでほしい」と予防線を張る女がいる。またそうでなくても、過去に付き合った男の存在を簡単に会話に投げ込む女がいる。繰り返しになるが、非常に重要なことなのでここで確認しておこう。

他の男とのセックスがチラつく話は一切するな。

こういうことを言うと、「男って本当にバカよね。この年で処女なわけないっつーの」みたいなことを言う女が必ずいるのだが、そういう女に対しては顔面にニンニクを擦《す》り込み、ぐつぐつに煮立ったオリーブオイルの中に投入して「アヒー女」にすることになるだろう。

——仮に、お前の目の前に揚げたてのフライドチキンがあるとする。

そのフライドチキンに対して、「実はこの鶏は数時間前まで息をしていました。優しい家庭に生まれ育ち、『ぴーちゃん』という名前で可愛がられ、人を疑う事も知らずにすくすくと育ちましたが、今朝精肉され、断末魔は『コケッ!?』でした」という情報を伝えたらどうなる?

「食えるか！　ボケ！」である。

しかし、お前たちが男の前で他の男の話をするのは、これと同じである。

元彼、セックスの人数、行きずりの恋 etc……普段どんな性生活を送っていようがかまわんが、男の前ではその話を完全に封印せよ。

『クレーマートーク』

店の店員に必要以上に文句を言ったり、他人を責める女がいる。

これは恋愛においてもマイナスなのだが、こと「結婚」においては最悪の行動となる。

というのも、クレーマー女に対して男が思うのは

「もしこの女と結婚したら毎日怒られることになるし、離婚しようものなら、徹底的に詰められるぞい」

である。

少なくとも、無意識レベルではそういったことを感じている。

そういう男に対して「結婚する前から離婚したときのことを考える最低な男」と思うかもしれないが、「慰謝料」の存在は男たちに結婚を思い止《とど》まらせるファクターであり、その不安を払しょくするのは婚活において重要項目の一つである。実際に結婚をしてしまえば法律がお前たちの味方をしてくれる。結婚する前は、好きな男の前で誰かを責める姿を見せてはならない。たとえ気心知れた友人や親に対しても避けるべし。

『コンプレックストーク』

自分の持つ劣等感を口に出してしまう女がいる。特に多いのが、いざセックスする段階になると、「私の化粧、特殊メイクだから」「私の胸、ビート板なの」的なことを言って自分の不安を口にして安心しようとする女である。

ただ、この地雷はコミュニケーション能力の高い者も踏んでしまうことがあるので注意が必要だ。なぜなら、これらの『コンプレックストーク』は同時に『ぶっちゃけ』でもあるからだ。

ここで両者の違いを説明すると次のようになる。

□ぶっちゃけで口に出す「気まずさ」は、「相手と共有されているもの」だが、**「コンプレックストーク」は、自分だけが「気まずい」と感じているぶっちゃけ**である。

ここに、「誠実な」八百屋がいるとする。

八百屋に来た客がトマトを手に取った。そのトマトは店にある最後のトマトである。そして、そのトマトにはほんの少し傷があった。

八百屋はそのことを知っているので「それは少し傷があるんです」と「ぶっちゃけ」て安くするのも誠実な行為だが、同時に、

「そのトマト、ちょうど食べごろなんですよ」

と言うこともできる。どちらも真実を口にしているが、後者はトマトの価値を高めている。

そして、セックスするということは、客はもうお前を買うと決めているのだ。そこで**「傷もの」だと言うか「旬」として振る舞うか**、どちらが客にとってうれしいのか一目瞭然《りょうぜん》である。

『アイドルトーク』

これは昨今の男性アイドルブームによってますます勘違いしている女が増えているのだが、「○○くん超カッコイイよね」

などと男の前で特定のアイドルタレントのことを平気でホメたり、ファンであることを公言する女がいる。

絶対にヤメろ。

というのも、男は他のすべての男をライバル視しており、誰かのファンになっている女に対しては急激に冷める生き物なのである。

俺も昔、彼女と恵比寿を歩いていたときコンビニから出てきた速水もこみちと遭遇し、彼女が「超カッコイイ！」と絶賛しまくったことにキレて、別れる別れないの大ゲンカに発展したことがある。

よく、「アイドルと彼氏は別腹」なんて言う女がいるが、あれは完全に女の論理であり男には通用しない。アイドルがどれだけ好きでもかまわないが、男の前ではその素振りを見せるな。

『シャッタートーク』

これは意外に知られていない地雷トークで、たまにこれをやる女を見かけることがある。

具体的に言うと

「私、アボカド**だめだから**」

などと「有無を言わせないＮＯ」発言をする女である。

いや、アボカドが食べられなくても何の問題もないのだ。しかし、アボカドが苦手なら、アボカドをどけて食べるとか、何も言わずに残すとか色々な方法があるはずなのだが、なぜかある種の女は、突然、ドーン！　とシャッターを降ろす傾向があり、それが男を急激に冷めさせるのである。これは食べ物に限らず

「私、怖いのだめだから」

「私、寒いのだめだから」

「私、エコノミーだめだから」

などがあって、デートの初期にこれを言うことで「この女、やめとこ」となるケースが多々あるので注意せよ。

Lesson 6 ＊ Summary

Theory 1

「アウェイ理論」

コミュニケーションにおいて重要なのは

「自然でポジティブ」なトークである。

それを身につけるためにはテクニックを学ぶのではなく、

自分の肩書や地位が通用しない場所（アウェイ）に

飛び込んで会話の訓練をすること。

第7講

転生の禊《みそぎ》

Baptism of the Reincarnated

女性誌では教えてくれない「男受け」するファッションとは？

それでは今から、魅力の三大分野の一つ「**ファッション**」についてお前たちに叩き込んでいくわけだが、俺がファッションについて授業を始めようとすると、

「万年ジャージ姿のダサ坊のどこにファッションを語る資格があるんだお？」

と言ってくる女がいる。必ずいる。

そんな女に対して俺は、ヴィクトリアズシークレットのセクシーパンティを何十枚と口の中に突っ込み、そのうちの一枚は自分の頭にかぶりながらこう叫ぶことになるだろう。

「お前みたいな『私、ファッションに対する意識高いんで』とか思っている女が一番危ないん

じゃあ！」

――今からする話を心して聞いて欲しい。お前たちが「男にモテるファッション」を手に入れられない理由のすべてが、この「事件」に集約されているのだ。


～ジル事件～

ある30代向け女性ファッション誌から
「男にモテるブランド講座を開きたいから話を聞かせて欲しい」

と依頼を受けたことがあった。

そこで出版社に出向いた俺は、その場に集まっていた女たちに向かって、開口一番こう言った。

「俺は、女のブランドについてはまったく知らん。だが、男にモテるブランドに関しては一瞬で分かる」

きょとんとする女たちに対して、俺は口泡を飛ばしながら続けた。

「その方法は簡単だ。それは、そのブランドショップの『店員』に注目すればいい。店員はそのブランドの服を着ているわけだから、その服を着た店員が『合コンに来た』という目線で判断すれば、そのブランドが男受けするかどうかが一瞬で判別できる。——そして俺は昨日、事務所のアシスタントの男たちを引き連れて、伊勢丹、丸井、プランタンに入っている女向けブランドの店員を片っ端から見てきた。だから今、どのブランドが男にモテるか——すでに分かっている！」

俺のこの言葉を聞いた女たちは、一斉に色めきたって言った。

「教えて！　そのブランド名を教えてください！」

俺は、ゆっくりうなずくと、そのブランド名を口にした。

「男に一番人気があったのは——ジル・スチュアートだ」

——その瞬間である。

その場にいた女たちは

は？　お前何言ってんの？

と言わんばかりの不快な表情を浮かべたあと、

「いやいや、ジルはないわ、ジルは」

「この年でジル着てたらイタイ女だと思われるって！」

「ジルて（笑）」

と、猛烈な批判を浴びせてきたのである。

――ちなみに、俺はここでジル・スチュアートを着ろという話をしたいのではない。当時はたまたま男たちのアンケート結果がそうなっただけであって、今、お前がこの講義を聞いている時点ではトレンドも変化し、男にモテるブランドも違ってきているかもしれない。

俺がここで強調したいのは、**いかにこの女たちのスタンスが間違っているか**、ということである。

仮にそのブランドを着るのが年齢的にふさわしくなかったのだとしても、

「どういうところが男受けするの？」

「○○というブランドはかなり似た路線だけど、どうだった？」

こうした質問をすべきなのだが、そんな女は**皆無**であり、そのまま**「ガールズトーク・ジル無し祭り」**を開催したのであった。

――確かに、女は、同性の目を意識する生き物だとよく言われる。

周囲から浮いてしまわないか、女友達から陰口を言われないか、そんな不安から女受けを優先してしまう。また、女にとってファッションは趣味の一部であり、「自分の好み」に走ってしまう女もたくさんいる。

しかし、そういう女たちは「ファッション」というジャンルの持つ「特性」をまったく理解していないと言えるだろう。

「ファッション」が他のジャンルと決定的に違う点は何か？

それは、正しい選択さえすれば、**短期間で魅力を底上げすることができる**という点である。

これが「コミュニケーション」だとそうはいかない。優れたコミュニケーターとなるには、日々、自らアウェイに赴《おもむ》き、ストレスと緊張を感じながら、何か月も訓練を続けなければならない。

――いや、もちろんファッションにおいて「男受け」を優先順位の一位に置くことは、リスクの高い行為であろう。

周囲からは、

「キャラ違くない？」

と冷ややかな目で見られ、

「この年にしてデビューですか？」

と陰口を叩かれ、

「皆藤愛子っていうより、阿藤快だね」

と揶揄《やゆ》されるだろう。

しかし、多くの女はその視線が怖いからこそ、目的とズレた服を着続けているのであり、ひとたびその壁を越えることができれば、お前は多くのライバルたちに対して圧倒的な差をつけることができるのだ。

ちなみに、女がよく間違えがちなファッションの傾向というものは存在する。

それを端的に言うなら

×色の濃いもの

×装飾や柄《がら》が過剰なもの

である。

これは、女性誌の編集者に「今、女の間で一番男受けするとされているブランドは何か？」と聞いて、実際にそのショップに出向いて俺が感じたことである。正直、そのブランドが男受けするとは思えなかった。その理由は、オシャレな女というのはどうしても「華やかさ」「シャープさ」に向かってしまい、男が女に求める「可憐《かれん》さ」「優しさ」から遠のく傾向があるからだ。

ただ、この場で「こういうものを身につけろ」と言ったところで、個々の体型やキャラクターの違いもあり一概に正解を出せないのがファッションの難しさでもある。

自分に合った男受けするファッションを獲得するためには、男友達にアドバイスを求めたり、色々な服を試して男の反応を観察しながら試行錯誤していく必要があるだろう。

が、しかし。

俺がそのことを口酸っぱく言ったとしても、新しいファッションに挑戦できる女はほとんどいない。特に、今までと全く違うタイプの服を着るというのは、予想以上にハードルが高いからだ。

そこで俺は塾生のために、

「転生の禊」


という儀式を強制することにしている。

この修行は、今回の授業を受けた週末を利用して「いつの時代も男受けする王道アイテム」を**一切のこだわりを持たずに購入する**という儀式である。

これらの王道アイテムは、多くの男たちの意見とデータを参考に導き出したものなので間違いなく男受けすると考えて良い。

そして、お前たちはこの禊によってロケットスタートし、男受けするファッションへと加速していくのである。

また、もし今から俺が指示するアイテムのうち、たった一つでも持っていない(試したことがない)ものがあったとしたら、それはお前が一人よがりのファッションをしているという証《あかし》である。これまでの自分の至らなさを反省し、大胆な断捨離を行うなどして、新たなファッシヨンに身を投じよ。

さあ、それでは心の準備ができた者は、次のページを開け。
お前が集めるべき「王道アイテム」はこれだ！

白ワンピ

シースルー

細ヒールの靴

てろてろスカート

アンサンブル

タイトスカート

パステルカラーのトップス

Lesson 7 ＊ Summary

Theory 1

ファッションの原則

「ファッション」が他のジャンルと違うのは、

短期間で魅力を底上げできること。しかし、

同性の視線を意識したり自分のこだわりを追求するあまり、

ほとんどの女が男受けするファッションができていない。

それゆえに、男のニーズをきちんと捉えた服を着れば

ライバルたちに圧倒的な差をつけることができる。

Theory 2

「転生の禊」

ファッションに対するこだわりを一切捨て、

「男受けする王道アイテム」を一通りそろえるという

スパルタ婚活塾生の必修の儀式。

第 8 講

性転換理論

Sex Change Theory

「男心」が手に取るように分かる方法

「立ちションを制する者は、婚活を制する」

これは、恋愛業界のプロフェッショナルたちの間で知らぬ者はいない格言であり、俺の門下生が座右の銘にしている言葉である。そして、現代社会では20代女の7割以上に彼氏がいないと言われているが、多くの女が男を射止められない理由はただ一つ、

立ちションをしたことがないからだ。

いや、実際に立ちションをすることは難しくても、「どうして男たちはあんなに気持ちよさそうに立ちションをしているのだろうか？」と想像することすらしていない女がほとんどである。

立ちションはなぁ……めっちゃ気持ちいいんだよ！

自分の身体についたホース的なものを操って、様々なものを狙い撃ちする。男の「獲物を捕らえるハンター」「女性を敵から守るガーディアン」としての資質は立ちションから始まると言っても過言ではない。しかし、そういう男心が想像できない女は「トイレでは座っておしっこして！」と男に強制するというおぞましい出来事が起きるのである。仮に俺がそんなことを言われたら、女の口の中に「ブルーレットおくだけ」を突っ込んだ後、便と一緒にトイレに流すことになるだろう。

俺は大学時代、女について知るために、自分のプライドとこだわりを捨てた。

「この一切れで５００円だとっっっ!?」――頭をかきむしりながら、銀座の有名店で買ったチョコレートを食べた。

「こんな味もへったくれもないプルプルのために一時間も待ったのかっっっ!?」――昼の情報番組で紹介されていたコラーゲン鍋を食すため、渋谷区神泉まで足を運んだ。

「現代は、科学の時代ではないのかっっっ!?」――三か月待ちの占い師を予約して観てもらった。先日も、パワースポットとして盛り上がる飯田橋の東京大神宮に乗り込み、恋みくじを引いてきたばかりだ(中吉でした)。

化粧をしたこともある。

生まれて初めて新宿2丁目に行ったとき「これで女の気持ちを知ることができる!」と直感した俺はオカマのママに頼んで化粧をしてもらった。まつ毛をクリンとする器具を使ったり、いくつかの色を使い分けてファンデーションを塗ったりしていると(こんな面倒なことを女は毎日やっているのかっっっ!)驚くとともに尊敬の念さえ生まれた。

そして化粧をし終わった自分の顔を鏡で見たとき、俺はこう思った。

「こんなブサイクな女、抱けん――」

「相手の立場に立つ」

これは恋愛のみならず、ビジネスや人間関係、様々な場面の奥義として知られる言葉だ。しかし、この言葉の本質を理解している者はほとんどいない。

相手の立場に立つということは、どういうことか？

それを一言で言うなら

「相手の立場にできるだけ近づき、**経験**する」

ということである。

もし高価なプレゼントをもらいたいと思うなら、実際に、**誰かに高価なプレゼントを贈ってみよ**。すると、高価なプレゼントを贈る人間の気持ちがどう動いているのか、どういうときに人は人を喜ばせたくなるのか、どういうリアクションをされるとうれしいのか、手に取るように分かるだろう。

男の趣味は一通り経験せよ。

男に人気のある趣味——ゲーム、アニメ、釣り、ラーメンetc……「なんで男ってあんなこと楽しそうにやるの？　バカなの？」と引いた目線で見るのではなく実際に経験してみるのだ。意外に多くてびっくりするのがキャバクラに行ったことのないやつな。男があれだけ行きたがっている場所に行ったことがないというのは怠惰以外のなにものでもない。男友達や父親に頼んで連れていってもらえ。

あと、**ＡＶは見とけ**。

よく最低なセックスをする男の代名詞として「ＡＶみたいなことをやろうとした」というものがあるが、もったいない話である。目をそむけたくなる気持ちも分かるが、ＡＶは男の欲望を反映している。つまりそこには、他の女と圧倒的に差をつけることのできる宝が潜んでいると言えるのだ(この点に関してはセックスの項目で詳しく説明する)。

さらに、これはかなり上級者向けだが、**男になったつもりで一人Ｈせよ**。

よくライトノベルなどで男と女が入れ替わるという設定があるが、男の目線でのＨを想像することで、男がどういうことに興奮するのか感じ取る力がつく。

これが俺の提唱する**「性転換理論」**である。

ただ、俺が「女の気持ちを知るために、女になったつもりで一人Hをしたことがあります」という話を新宿2丁目のママにしたところ

「あんた、ホモの素質あるわね」

と言われたから深入りは禁物だ。

Lesson 8 * Summary

Theory 1

「性転換理論」

男の立場にできるだけ近づき、

男と同じ「経験」をすることで男心を知ることができる。

箸休め講義

リアクションの原則

Principle of Reactions

最も高価なプレゼント「結婚」を引き出す技術

さて、魅力を形成する「三大ション」を見てきたわけだが、最後に男を惚れさせる上で重要な要素となる四つ目の「ション」を紹介しよう。

それは、**リアクション**である。

特に、男からプレゼントをもらったときのリアクションは重要である。そのリアクション次第で、男は

「もっとこの子を喜ばせたい！」

とどんどん高価なプレゼントをするようになり、最終的には最も高価なプレゼントである **「結婚」** を差し出す可能性があるからだ。

熱々のおでんを投げつけられたお笑い芸人が「熱っ、熱ぅ！」とのたうちまわる瞬間に人生を賭けるように――お前は、プレゼントを受ける際のリアクションに人生を賭けねばならない。

ただ、最初に言っておくが恋愛リアクションは奥が深く、一朝一夕で身に付けられるものではない。リアクションを本にするだけでも中谷彰宏の出版点数くらいになると言われている。しかも文字の大きさは半分で、である。

そこで今回は特に基本となる考え方を紹介しておこう。

男を感動させるリアクションの原則　**安物に感激、高級品にオロオロ**

リアクションの基本は「渡されたプレゼントが安いものであればあるほど感激する」である。

100円ショップの造花をもらって「カワイイ！　これ欲しかったの！」である。なんなら匂いをかいで「ほんのり良い香りがする！」である。実際は無臭である。あまりの精巧な作りに思わず匂いを脚色してしまったお前の鼻、である。

もちろんハタから見たら**単なるバカ**なのであるが、これくらいの勢いでいけ。

男の生涯で最も高級なプレゼント「結婚」を引き出すためには、お前はその男が過去に付き合ったどの女よりも優れたリアクションを――「サービスとしてのリアクション」を提供しなければならない。

そう、**リアクションとはサービス**なのである。

サービスとは「相手に何かを提供する」ことだけではない。

「プレゼントのもらい方で相手を気持ちよくさせる」――これもれっきとしたサービスなのだ。

たとえば、親に寄生するニートも「仕事しなくても生きていける」と開き直るのではなく、毎日食卓に出される食事に感謝で涙ぐむ、お礼に両親の肩をもむ、父の日、母の日には、何十枚にもおよぶ感謝状の超大作──「スペクタクル感謝状」を贈るのである。このリアクションによって両親の溜飲《りゅういん》も下がり、ひいてはニート期間を飛躍的に伸ばすことにつながるだろう。

受け取る側にも相手を喜ばせるサービスが存在する。

そのことを意識すると、高価な物をもらったときのリアクションにも変化が現れるはずだ。

そう。**高級品にオロオロ**である。

男がお前を喜ばそうとしてこれまで買ったことのないような高価なものを買ってきた。

当然、男はお前の喜ぶ顔を予想する。

しかし、そこでお前は「こんなに高いもの、大丈夫だった?」である。「相手の懐《ふところ》の心配」である。さらに、「自分は、こんなに高価なものが似つかわしい女なのだろうか」の「謙虚さ」の演出である。

が、しかし、

決して遠慮はするな。

忘れてはならない。男は、お前を喜ばせたいのである。

男の「女を喜ばせたい」というニーズに応えること、それもまた「サービス」なのだ。

だからこそ、プレゼントを手にしたお前はオロオロし、泣きそうな顔になりながらの
「ありがとう」

である。

「一生大事にするね」

である。

これができて、リアクション検定3級。TOEICに換算すると400点前後だ。

さらに、あくる日、男の枕元に手紙が置いてある。そこには「昨日はありがとう。突然のプレゼントでびっくりしてしまったけど、本当はすごくうれしくて……」プレゼントをもらったお前からの感謝状である(TOEIC600点)。

さらに、数か月後。お前の住むマンションで彼氏と一緒にいると、突然避難勧告のアナウ

ンスが流れる。

「火災が発生しました。ただちに避難してください」

男は携帯電話など最低限のものを持ってすぐさま飛び出そうとするのだが、お前は「待って！」と言って部屋の奥から何かを持って出てくる。

「何やってんだよ、こんなときに！」

「……ごめんなさい」

お前は申し訳なさそうに、手のひらを開く。

そこに見えるのは、男からプレゼントされた指輪である（TOEIC800点）。

——だが、この程度で安住してはならない。

繰り返すがリアクション道は奥が深く、この上、さらにその上をいくリアクションが存在する。「リアクション8段」と呼ばれる愛也でさえ、リアクションに関しては日々厳しい鍛錬を積みながら追求している。お前たちも常に今の自分に甘んじることなく向上を続けて欲しい。

ただ、リアクションにおいて、もう一つ大きな原則を付け加えておくならば、**「ウソはつけない」**ということだ。

「こういう演技をすれば男を騙《だま》せるんじゃないか」そういう考えでは、お客（男）を魅了するリアクションを身につけることは不可能だろう。メッキは必ず剥《は》がれるのだ。

本当に人を魅了することができるのは、ウソ偽りのない本音の感動である。

だからこそ、最高のリアクションを取るためには、お前がそのプレゼントに対して「本当に感動」していることが重要なのだ。

つまり、問われるのは、お前自身の持つ「感動する力」である。

では、どうすれば感動する力を養うことができるだろうか？

そのためにすべきことは**「目に見えない『プロセス』に目を向ける」**である。

たとえば、普通っぽく見えるプレゼントでも、男は忙しい仕事の合間を縫《ぬ》い、上司に小言を言われながらもプレゼントを買う時間を作ってくれたかもしれない。お金や将来に対する不安と戦いながらそのプレゼントを選んでくれたのかもしれない。そんな男の、「目に見えない行動や心の動き」を想像するのである。

それだけではない。

もらった指輪が、思ったより安いものだったとしても、その「指輪」は、様々な人の知恵と工夫と労力の結晶である。ダイヤモンドを掘った人がいて、磨いた人がいて、指輪を作った人がいて、運んだ人がいて、店頭に並べた人がいて、その店が閉店した後も盗まれないようにガードしてくれた人がいる。

そもそも指輪とは？

お前たちは、指輪の起源を知っているだろうか？

人類最初の婚約指輪は「鉄」だった。

恋人同士の愛の証として鉄の輪を指にはめたのだ。そこに輝きはなく、もちろん重かった。指を傷つけた女性もたくさんいただろう。だが、その鉄の指輪を見て、多くの女性たちが涙を流したのだ。

こうした歴史を経て、今日の指輪――お前の目の前にある光り輝く指輪は生まれたのである。

このように、目に見えないプロセスに目を向けることで、「世界」は新たな輝きを持ち始める。

そして、その輝きを見ることができたものこそが、目の前のプレゼントに対して感動し、最高のリアクションを取ることができるのである――（TOEIC990点）。

Side Dish Lesson ＊ Summary

Theory 0

リアクションの原則

男を喜ばせるリアクションを取るために、
目に見えないプロセスに目を向け
感動する力を養うこと。

恋愛実践教室

Love -in- Action Class

この教室で学ぶ恋愛理論

- アウトレット理論
- 台本理論
- ファーブル・ナンパ
- AKKNM理論
- 寸止ボメ理論
- バスターエンドラン理論
- 泥酔ぶっちゃけ理論
- むっつり理論
- SF正機説
- 雑炊理論

第9講

アウトレット理論

Outlet Theory

「出会いがない」を解消する恋愛理論

今回からスパルタ婚活塾は、いよいよ「恋愛実践教室」に突入する。

「出会い」

「飲み会」

「メールのやりとり」

「交際」

「ベッドイン」

これらの具体的な流れにおける恋愛理論を叩き込むことになるので、お前たちは今から俺が教える理論を鵜呑《うの》みにし、自分の考えを一切挟むことなく機械的に実践に移すこと。

それでは早速、「出会い」について話していくわけだが、俺が恋愛講義を続けていくと、決まってこういうことを言い出す輩《やから》がいる。


「いろいろ恋愛理論とか教えてくれるのはいいんですけどぉ、そもそも**男との出会いがないんスよね**」

もしお前がそんな台詞を口にしようものなら、即座にパンティをひっぺがし「ジョイナス！」と叫びながら右手にナスを握らせることになるだろう。お前は一生、ナスを恋人として生き続けけよ。


「出会いがない」というのは完全な言い訳である。

先日、ファミレスで隣に座っていた女二人がこんな会話をしていた。

「この前、『ロマンティックポエムの会』に参加してきたんだけど」

「え？　何それ？」

「ロマンティックポエムの会っていうのは、ロマンティックな言葉が好きな人たちが集まって、ロマンティックな言葉を発表する会なんだけど」

「何なのよ、その会……」

その女友達と同様、俺も唖然とするしかなかったが、しかしその女はロマンティックポエムの会で出会った男と付き合っているという話なのである。

俺は心の中で思った。「天晴《あっぱれ》！」と。

俺は大学時代、出会いを求めて料理教室に体験入学したことがある。茶道教室にも顔を出した。手芸教室まで行ったときはさすがに何か違う気がした。しかしそれらを圧倒的に凌駕《りょうが》する「ロマンティックポエムの会」。正直、**俺でもひく。**

しかしお前たちは、出会いを求めることに関して、この女レベルのハングリーさを持たねばならない。何も行動も起こしてないのに「出会いがない」とほざくのは笑止千万である。

ただし。

確かに、女であるお前は、頑張って出会いの場に顔を出したとしても「男から声をかけられるのを待たねばならない」という難しさはあるだろう。

世の中には自分からガンガン声をかけて男を落としてしまう**ストロングスタイル**の女も存在するが、こちらから声をかけると自分の価値を下げてしまうという問題がある。

また、この点に関して巷の婚活マニュアルでは「エレガントに振る舞って男から声をかけられるのを待ちましょう」と言っているが、どれだけエレガントに振る舞ったところで男は美人に群がってしまうのが現実だ。

そこで、今回は男からの「声かけられ率」を大幅にアップする理論を紹介しよう。

——俺がこの理論の存在に気づいたのは大学時代のサークルだった。

当時、20歳前後の女たちの「イケメン信奉」は、それはそれは深いものがあり、その逆境において俺は、顔面のすべてを両手で隠しアゴのラインだけを見せて

「ブラッド・ピット!」

と叫ぶという荒技で凌《しの》いでいたのだが、しかしそれでも、「今度飲み会しよう」とか「今度友達紹介する」という流れになったとき、そこにイケメンがいなければ場が盛り上がらないという悩みを抱えていたのである。しかし、圧倒的にイケメンでモテまくっている男を紹介してしまうと、女たちがそちらに行ってしまうというジレンマに悩んでいたのだが、そんな俺の前に現れた救世主が**林さん**と**西原さん**だった。

林さんは、身長は183センチ、顔は加勢大周をさらに甘くしたようなマスクの持ち主であり、外見の好みが比較的多様である女でも、彼を見て「カッコ良い」と言わない者は一人もい

なかった。

ただ、林さんは**バカ**だった。

飲み会を盛り上げるゲームで、5本の割り箸を使って「2」を作るというクイズがあり、ちなみに答えは1本の割り箸の先を折り曲げて$\sqrt{4}$を作るのだが、林さんは「ルートって何？」となり、その場で九九を言わせてみたのだが、**7の段から若干怪しくなる**という事件があった。さらに、当時飲み会のコールで「そーれそれそれズッコンバッコンズッコンバッコン！」というのがあったのだが、林さんはこのコールのときには決まって、少年のような笑顔で「ズッコンバッコンズッコンバッコン！」と叫びながら激しく腰を振るので**必ず女が引いていた。**

しかし、どれだけ女が引こうが、彼はプライオリティを常に「ズッコンバッコン」に置き続けた。

――西原さんの話をしよう。

西原さんは、大学の先輩だったのだが、彼は鼻筋が通った欧米人のようなマスクで、長髪が似合う人だった。

ただ、**滑舌が悪すぎて**何をしゃべっているかよく分からなかった。

しかも、酒を飲むと、ほとんど睡眠薬を飲んでいるんじゃないかというくらい**寝つきが良かった。**

こうして俺は飲み会で、林さんと西原さんを、水戸黄門における助さん格さんのように連れ歩き、林さんのバカさにツッコミを入れながら笑いを取り、飲み会のたびに寝てしまう西原さんを介抱し、「先輩を大切にする温かい男」をアピールしていたのである。

カクレクマノミとイソギンチャクの関係

この話を聞いてお前は「人間関係を手段にするひどいやつだ」と思うかもしれないが、俺はそんなお前の顔面を、エッグスシングスのパンケーキの乗った皿からパンケーキというクッションを取り除いた上で皿に叩きつけることになるだろう。

自分だけが得をして相手に害を与えるのを自然界では「寄生」と言う。それに対して双方が利益を得るのを**「相利共生」**と呼ぶ。

そして、俺と林さん、西原さんは、まさに相利共生を築いており、カクレクマノミとイソギンチャクの関係に酷似《こくじ》していた。

クマノミはイソギンチャクの中に住まわせてもらう代わりに、イソギンチャクのためにエサを持って来る習性がある。

俺は、二年留年していた先輩の西原さんのためにノートをすべてそろえた。西原さんが大学を卒業できたのは俺のおかげと言っても過言ではない（そして、俺はその年、留年した）。

また、クマノミはイソギンチャクの敵を追い払う役を担っている。

イベントサークルで有名人だった林さんが揉め事を起こしたとき、俺が矢面《やおもて》に立って解決したことがあった。

当時、こんな俺の行動に対して「お前、イケメンに媚《こ》びすぎ」とバカにしたやつがいた。

「もっと自分に自信を持て」と笑う連中もいた。

しかし、俺がイケメンにこだわった理由はシンプルである。

女が、イケメンを求めていたからだ。

「飲み会をしよう」と盛り上がっても、待ち合わせ場所にイケメンがいないと女は盛り下がる。

それが現実だった。

自然界では、クジャクのオスは美しい羽でメスにアピールする。そしてメスは、羽の目が1

30個以下のオスには見向きもしないらしい。

これが、神の創りし世界――現実――なのである。

しかし、だからと言って、イケメンに屈するわけではない。そんな気は毛頭ない。

自分は「アンダーワンハンドレッドサーティ（UOT）」であるという認識を持ちつつも、女の気を引くための「目玉」商品を用意し、その上で――顔全体がブラピに似ているイケメンよりも、アゴのラインのみ似ている俺の方が魅力的であると、女にプレゼンし続けるのである。

これが俺の提唱する**「アウトレット理論」**だ。

店頭に置けばすぐに売れていくような最前線のブランド美人ではなく、ワケあり、傷ありのアウトレット美人で周囲を固めろ。そうすることで、声をかけられる機会を劇的に増やしつつ、自分の魅力を相手にアピールするのである。

美人ではないのに超一流の男を捕まえている女を見ていると、このアウトレット理論を上手に使っているケースが非常に多い。

それでは次に「アウトレット美人」の特徴を挙げておくので参考にしてほしい。身の周りでアウトレット美人を見かけたら全力で捕獲すること。

「地味」美人　重宝度★★★

顔のパーツだけとってみると竹内結子バリに綺麗だが、化粧が下手で服が地味、毛の処理が甘い女である。過去に、こういう開発されていない美人を「自分色に染め上げたい」という男――リチャード・ギア科――が存在するという噂がまことしやかに囁《ささや》かれた時期があったが、結論を言えばあれはUMA（未確認生命体）であった。そんな面倒なことをしたいと思う男は皆無である。

地味美人は、飲み会の待ち合わせ場所では「おっ、今日の飲み会レベル高くね?」と男に思わせたり、「お、あの子可愛いくね?」と男に思わせられるので声をかけられる機会が増えるが、いざ近くでしゃべり始めると「なんだかな……」と男を萎えさせることが多いので重宝するだろう。

「笑い方が変」美人

重宝度★★★

「笑い方が変」というのは女にとって致命的である。というのも、男は女を笑顔にすることを最大の喜びとしている生き物であり、その笑顔が魅力的でないということは、笑うたびに男のモチベーションを萎えさせていくからだ。過去に、女優の卵をしている女で「笑い方が変」美人がいて、笑うときに「カカカカ！」と笑いながら肩をぐわんぐわん揺らすのだが、それを見て「うわー、なんだかこの人笑い方変だなぁ」と思っていたのだが、後から他の男に聞いてみたところ「あの笑い方は異常」「途中からあの子が笑う瞬間に『来る！』と身構えるから会話に集中できなくなった」という話が出ていたのでやはり共通の意見なのだろう。このタイプの美人もお前に多くの出会いを提供してくれるだろう。

「気弱」美人

重宝度★★★★

これはもしかしたら一番多く見かけるタイプの美人かもしれない。お前たちも知ってのとおり、女は彼氏を作るよりも「女友達に嫌われてはならない」を優先する生き物である。ゆえに、たとえば飲み会などでも「あの男の人、私タイプなんだよね」と釘を刺してしまえば、気弱美人は（じゃあ私はやめておこう）と思って戦線離脱してしまう。優秀な女は、この手の気弱美人を数多く率いることで、常に自分に有利な形で恋愛を進めている。

ところで、「女友達に嫌われない」の話が出たので追記しておくが、スパルタ婚活塾の塾生には、次の言葉を頭に叩き込むよう指導している。

「まず、男から好かれることに最善を尽くし、後から女友達をフォローする」

好みの男に対して、その男を惚れさせるために全力を尽くせ。そしてお前の行動に女たちが引いてるようなら、「もしかして、私の必死さに引いちゃった？」「彼氏欲しすぎるあまり、暴走しちゃいました」などとぶっちゃけて気まずい空気を緩和したり、後から男を紹介するなどして嫉妬をケアせよ。あくまでプライオリティは「男から好かれる」に置くこと。嫉妬や嫌われることを恐れると、最善の行動が取れなくなり目的が果たせなくなる。これは恋愛にかぎらず、すべての「目的達成」について言えることである。

まず自らが強者となり、手に入れた力で弱者を救え。

「裏原宿」美人　　重宝度★★

顔はとんでもなく可愛いが、ファッション性が強すぎて男が引いてしまう女であり、具体的に言うと木村カエラである。眉《まゆ》毛の薄い女に勃起する男はいないのである。

ただし、この手の女を捕獲する上で最大の難点は、裏原美人は自分の世界観と合う人だけとつるんでおり、そのコミュニティ内では高い評価を受けているので飲み会や合コンには滅多に顔を出さないということだ。しかし裏を返せば、合コンに一度も行ったことがないケースが多いので、「人生経験だと思って、ネ！　ネ！」と誘う手が有効である。

「ガチ・スピリチュアル」美人　　重宝度★★★★★

占いやパワースポットが好きな、いわゆる「スピリチュアル」をかじっている女は多いが、その中で「こいつ、ガチだな……」という女が存在する。そしてこのタイプの美人の中にはモデルや女優級の美女が存在するが、完全に一線を超えてしまっているので、いざデートとなると必ず男をドン引きさせる。俺も過去にこのタイプのスピリチュアル美人と飲んだことがある

のだが、「どんな人が好みなの？」という質問に対して

「4次元以上の人」

と答えたあたりから雲行きが怪しくなり、「この世界には12次元まである」「前世っていう考え方がもう古くて、現在が前世」と言い出したころにはデートをいかに早く切り上げるかということだけを考えていた。

どんな「美しさ」も「身の危険」には勝てないのだ。

Lesson 9 ⋆ Summary

Theory 1

「アウトレット理論」

自分の魅力を引き立ててくれる「欠陥のある美人」と

相利共生の関係を築き、出会いの機会を増やすこと。

第10講 台本理論 Script Theory

いくつになっても合コンを楽しむ方法

今回は、飲み会や合コンなど「複数の男女が出会う場」における正しい振る舞い方を教える。
しかし、複数人の男相手とはいえ何も恐れることはない。今のお前には**おさわり四十八手**があるからだ。

男が増える　＝　触《さわ》れる面積が増える

こう考えて積極的に手を出していけ。加えて「コミュニケーション」で教えた技術をマスタ

―していれば鬼に金棒だ。この両者を組み合わせれば間違いなく男に対して

「この女を落としたい」

と思わせることができるはずだ。

俺が、これまで恋愛の「基礎体力」を徹底的に叩き込んできた理由もそこにある。

巷の合コンマニュアルには

「気に入った男と何度も目を合わせる」

「目当ての男性とは飲み会の間は話さずに、帰り際に少し話すようにする」

などと書いてあるが、このような付け焼刃のテクニックを実践しても大局は変えられない。

重要なのは、ナチュラルでポジティブなコミュニケーションであり、磨かれたファッションであり、男心の正しい理解――お前自身の深い部分での変化なのである。

だが、最近になって、合コン、飲み会などの場においてお前たちに教えておかねばならない理論があることが発覚した。

先日、某女性誌で「おさわり四十八手」の4ページ特集が組まれたことがあったのだが、その編集者と企画を詰めていたところ、

年齢を重ねれば重ねるほど、合コンに行きづらくなる

という悩みが30代女の間で蔓延《まんえん》しているという話を聞いたのだ。

その最大の理由が
「合コンの場で一番年齢が上だと『姉さん』的なポジションに追いやられ、バカにされている気がする」

とのことだった。

その話を聞いた瞬間、俺は「このメス豚が！」と編集者を往復ビンタしながら叫んだ。

「今すぐ編集長に電話してこう言え！『今度、愛也先生が合コンに関して詳しく教えてくれることになりました。最低24ページは必要です』と！」

その結果、**編集長からシカトされたまま現在に至る**のでこの場で合コンの理論を発表しておく(せっかく考えたのに誰も聞いてくれんかったら寂しいからね)。

それでは説明に移るが、スパルタ塾生のお前であれば、「バカにされる雰囲気が嫌」という理由で合コンに行かないことがいかに愚の骨頂であるかは理解できるはずだ。

行くのがためらわれる場所というのは――アウェイである。

そして、アウェイに向かうことでコミュニケーション能力は鍛えられる。

「そんなことしなくても、若い頃はただ座っているだけで男たちがチヤホヤしてくれたのに……」とお前たちは言うかもしれないが、だからこそ、若い女のコミュニケーションは**しょぼい**のである。

「若い女ってなんであんなにつまらんの？」

そういう思いを持っている男はお前たちが思う以上に多い。愛也が熟女好きな理由の一つもそこにある。

――しかし、俺がどれだけこの事実を説いたところで、年齢を重ねれば重ねるほど合コンから足が遠のいている女がほとんどだろう。

そこで、お前たちを合コンに向かわせるために開発したのが

「台本理論」

である。

そもそも、世の中には合コンを苦手とするやつがいるらしいが、合コンほど簡単な場は存在しない。

というのも、合コンは**毎回同じ流れ**になるからだ。

自己紹介から始まって、幹事とどういう関係なのか、今彼氏はいるのか、趣味は何なのか、だいたい聞かれることは同じである。二次会はカラオケである。

もちろん、俺がこれまで言ってきたように、コミュニケーションはアドリブが基本であるから、すべてを決め打ちすることは危険である。だが、合コンや飲み会は対策が練りやすく、練習にもってこいの場であることは間違いない。

そこで今回は、お前たちが「合コンで言われたらヘコむ台詞」への正しい切り返しの台本を書いた。

現在、テレビ局や映画プロデューサーたちの間では

「フィクションの台本を書かせたら三谷幸喜、ノンフィクションの台本を書かせたら水野愛也」

と噂されるほどなので、俺の書いた台本を丸暗記して合コンに臨め。そうすれば苦手意識は吹き飛び、その場は素敵なラブコメディの舞台へと変わるだろう。

それでは今から台本を渡すので、お前たちは女優になったつもりで一言一句頭に叩き込むこと。

「年いくつ？」と聞かれた場合

・「37歳。（間髪入れず）見えないよね～」
・「さあ、いくつでしょう。答えは番組の最後に！」
・「四捨五入……じゃなくて七捨八入で、30」
・「（バーボンのロックを片手に）私なんてまだまだひよっ子よ」
・「ヒント出すからあててみて。ヒント、好きな食べ物は『小龍包』」※謎のヒントで男を煙に巻く
・「まあ年齢っていうのはね、その人の歴史っていうか、色んな経験して、そのたびに色んな気づきがあって成長してきたわけで、別に恥ずかしいことじゃないから正直に言うけど……ハタチです！」
・「その質問に対してはヒンドゥー語で答えることになるけどいい？」

「彼氏はどれくらいいないの？」と聞かれた場合

・「私が彼氏いない間に総理が変わった回数は5回。それが──日本の政治よ！」

・「3か月、プラス900日」
・「逆に聞くけど、彼氏いない期間の『ちょうど良さ』ってどれくらいなの？　長すぎると人気ないみたいだし、短すぎても、次見つけに行くの早すぎね？　ってなるわけで」
・「結構いないけど、セミの幼虫が地面の中で過ごす期間ほどではない」
・「3か月くらいかな。相対性理論的に言えば」
「は？」

「ほら、相対性理論っていうのは人の感じ方によって時間軸が歪むってことだから、私にとってはそれくらいの長さに感じてるってこと」

「は？」

「だから……」
・「いすぎず、いなさすぎずの、絶妙な期間、いないよね。たとえるなら糠漬《ぬかづ》けを2日寝かせたくらい？　梅酒で言ったら1年？」
・「3か月。犬年齢で言うとね」

「姉さん」と言われた場合

・「つまり――音楽業界で言えば安室ちゃん的存在ってこと?」

・「お姉様とお呼び!(男を割り箸などではたきながら)」

・「姉さん? ああ、カナダの役者『ネ、イ、サ、ン、・フィリオン』ね。『プライベート・ライアン』に出てた……(以下、ネイサン・フィリオンの話に強引に持っていく)」

・「ちょっと、私のこと『お姉ポジション』にしようとしてない?(陰険な表情で睨《にら》んでおいて)ていうか、そのポジション結構好き。むしろ一番居心地良い」

・「親近感を持ちたくて言ってるんならうれしい。ただ、年齢のことだけを言ってるのなら殺す」

・「『きれいなお姉さんは、好きですか?(CM風に)』。どうも、改めまして『きれいなお姉さん』です。(店員に)きれいなお姉さんにスピリタスちょうだい!」

「結婚願望はあるの？」と聞かれた場合

※この質問に対しては、あまりはっきり「ある」と言うと男は引いてしまう。もし言うとしても可愛げのある感じにすること。

・「結婚願望？　ないないない！（と言いながら、携帯の婚活アプリを見せる）」
・「それは、プロポーズと受け取っていいのかな？　――お断りします！」
・「結婚願望っていうより、その先の『未亡人』に憧れるよね」
・「結婚はまだいいかな……って思ってたのが5年前」
・「うーん、確かに婚約指輪もらいたい願望はあるんだけど、家事したくない願望もあり、ただ、ママと呼ばれたい願望もあって、でもそれでいて女として扱われたい願望もありで」
・「結婚願望あるかを聞かれて『ある』と答えるのがモテない女。『ない』と答えるのが駆け引きをする女。そして、私は――いったんCM入ります」
・「結婚願望がないって言えばウソになるし、あるっていえばホントになる」

Lesson 10 ＊ Summary

Theory 1

台本理論

合コンはいつも同じ流れになるので
切り返しのパターンをあらかじめ用意しておけば、
いくつになっても楽しむことができる。

第11講

ファーブル・ナンパ

Fabre Pick-Up Theory

男に喜ばれる声のかけ方

交尾中にパートナーを食べるカマキリのメス、同じカゴの中にいるオスをボコボコにするゴールデンハムスターのメス……自然界にはオスに対して圧倒的優位に立つメスが存在するが、人間界でもごく稀に、圧倒的な押しの強さと迫力で男を落とす女がいる。

いわゆる**「ストロングスタイルの女」**である。

俺は過去、何人ものストロングスタイルの女に出会ってきた。

ある女は、自分の恋愛観についてこう語った。

「男の脛《すね》を思い切り蹴り飛ばして、こちら側に倒れさせる勢いでベットインする感じ？」

またある女はこう答えた。

「この人良いなと思ったら、そのままその男の家に行って部屋から出ない」

こういうタイプの女たちを研究した俺が思ったことはただ一つ。

「まったく参考にならん」

確かに彼女たちは結果を出している。見た目が良くないにも関わらずイイ男を落として結婚まで持ち込んでいたりする。

しかし、そのスタイルを研究し、ノウハウとして提供したところで「無理！　無理！」と匙《さじ》を投げる女が続出するだろう。また、俺自身の経験からも、やはり女の恋愛スタイルは「待ち」を基本とすべきだという考えがある。

自分から声をかけることで「その男に対して気があることを悟られて」しまうし、「自分の価値を下げる」ことになる。ストロングスタイルは極めてリスクが高く、将棋で言うなら木村義雄との対局で９四歩を突いた坂田三吉の戦略であると言えよう。

だが、近年、俺の周囲にも

「ストロングスタイルに挑戦したい」

という女たちが増えてきた。軟弱な男が増えてきたという影響もあるだろうし、「なでしこジャパン」躍進の影響もあるかもしれない。澤穂希とは一切の面識はないが、プライベートの恋愛は間違いなくストロングスタイルであろう。

こうした現代社会における、「女のストロング化」の流れを受け、スパルタ婚活塾でも特別講義として

「女から男に声をかける」

方法について教えるようになってきた。

確かにこの行為はリスクは高いものの、自分から声をかける経験を持つことで男の立場に立つことができるし（性転換理論）、声をかけるという行為はかなりの緊張を強いられるのでコミュニケーションの訓練にもなる。

さて、それでは今回はパーティなどの多人数の集まる場所でどのように男に声をかけるかを考えるが、ナンパ素人の女が必ず犯すミスというものが存在する。

それは、次のような声のかけ方である。

×「お洒落なスーツですね」などと、ホメ言葉を言う
×「お一人ですか?」などと、緊張しながら話しかける

この声のかけ方がどうしてダメなのか?

それは、相手に好意のあることが伝わってしまい「気持ち悪い」と思われるからだ。

では、どうしたら男から気持ち悪いと思われず、自然な声のかけ方ができるだろうか?

そこで、今から、自然な声のかけ方を完全に習得していた「L」という女の話をしよう。

俺が「L」と初めて会ったのは、友人の結婚式の二次会だった。その二次会ではカラオケが用意してあり、俺はいつものように**「タンバリン奉行」**としてタンバリンを叩き続けていた。

そして、タンバリンを叩き終えた俺は小休止しながら次のタンバリンへと鋭気を養っていたときのことだ。

「あ、タンバリンの人だ!」

俺を指差して笑っていたのがLだった。俺はすかさずタンバリンを持ち上げ素早く叩くと、彼女は大ウケしていた。その流れで一緒に飲んで盛り上がったのであるが、そのとき俺は内心
(どうもこの女、俺に気があるぞ……)

と思っていたのだが、少し席を外したとき、Ｌはすぐに他の男と普通に盛り上がっていて、

（そ、そんなぁ……）

と愕然《がくぜん》とすると同時に、妙にＬのことが気になり始めていたのである。

それから俺は、彼女がどのように振る舞っているかを観察したのであるが、
彼女の声のかけ方の最大の特徴は、

恋愛感情を挟まない

ことにあった。

たとえば、前述した「男に声をかけるのが下手な女」の心の動きを表すとしたなら次のようになる。

（あ、あそこに好みのイケメンがいる！）
↓
（どうしよう。このまま待ってても声かけられそうにないから思い切って声かけてみようかし

ら。でも恋愛本には女から声をかけたらダメだって書いてあったし……でも、やっぱりこのままだと可能性がゼロなんだから、ここは声をかけるべき！　頑張るのよ、私！）

↓

「あ、あの……すごく、カッコイイですよね」

この声のかけ方をされると男は「なんだこの挙動不審な女は」となるのである。

これに対してLの声のかけ方は次の流れである。

（あれ？　あそこに変な髪型の人いる）

↓

「髪型面白いんだけど！」

つまり、Lは、男に対して持った興味を**そのまま口に出していた**のである。

ただ、これは言葉にすると簡単だが、実行するのは意外に難しい。

それは、男がたくさん集まるパーティにおいて、婚活女子たちの心には、様々な思惑が渦巻くからだ。

（この男の顔は好みじゃないのよね）

（この服装からするとそれほどお金持ちじゃなさそうだわ）

（カッコいいけど遊んでそう）

そうやって「減点法」で相手を見ていくと、いざ「合格」の男が目の前に現れたとき、テンパって変な声のかけ方をすることになってしまうのだ。

しかし、Lは、

（この男の人の行動、面白い！）

（この人どこから来たんだろう？）

（一人でいて寂しそう。友達はどうしちゃったの？）

こういった**好奇心**をそのまま口に出しているだけなので、声のかけ方が自然なのである。

また、こういう流れで興味を持たれて嫌な男はいないから、声をかけたあとの会話が盛り上がりやすい。さらに、この方法なら多くの男に声をかけることができるから「執着が分散」される上に、他の男の嫉妬心を煽《あお》ることのできる、まさに一石四鳥の声のかけ方である。

俺はLから学んだこの声のかけ方を「**ファーブル・ナンパ**」と名付けた。

ファーブル昆虫記で有名な、ジャン・アンリ・ファーブルは昆虫の生態に興味を持ち、全10巻にも及ぶ詳細な観察記を残した。その観察範囲が「フンコロガシの生態」にまで及んでいたのは有名な話だ。

お前たちも、男に声をかけるときは、男を男として見るな。

ファーブルが「昆虫」を見るような目で男を視《み》よ。

そうすることで、まさに「自然な」声のかけ方をすることができ、お前も晴れてカマキリのメスとしての第一歩を踏み出すことができるだろう。

Lesson 11 ＊ Summary

Theory 1

「ファーブル・ナンパ」

男に声をかけるとき恋愛感情を挟むと気持ち悪くなる。
ファーブルが昆虫を観察するような好奇心を持ち、
好奇心をそのまま口に出すことで
自然な声のかけ方をすることができる。

第12講

AKKKNM理論

AKKKNM Theory

恋愛メール必勝法

男と連絡先を交換したあと、メールでのやりとりが始まることになる。

前回の授業「ストロングスタイル」では自分から攻める方法を教えたが、あくまで女の基本姿勢は「待ち」である。女であるお前たちは、言わば回転寿司屋の寿司であり、男たちの目の前をひたすら回り続け、取られるのを待たなければならない。

だがこの話を聞いたお前たちはこう言うだろう。

回ってるうちに、腐っていきますけど？

そんなことは分かっとる。男の目の前をひたすら回り続けたお前たちは、まさに回転寿司屋の寿司がそうであるように、肌がカッピカピである。身体は腐り始め、「あれ？　これ酢で締《し》めたっけ？」と思われるほどのすえた臭いが漂ってる。

だが、今のお前たちにとって大事なのは

「食べ物は、腐り始めが一番うまい！」

と自らを鼓舞しながら俺が教えた恋愛理論を実践し続けることである。

もし相手が口説いてこないのなら、再び「基礎体力教室」に戻り、自分を磨き直せ。甘えはないか、言いわけをしていないか深く反省し、真摯に努力せよ。その作業を怠らなければ、必ず男はお前を誘ってくるはずだ。

さて、男から連絡先を聞かれ、無事、お前の元にメールが届いたとする。

ここで恋愛本や雑誌の恋愛特集では「メールはすぐに返信すると安い女だと思われるので、数日経ってから『ごめん！　忙しくてメール返せなかったけど、うれしかった！』と返す」などと書かれてある。

そして、この戦略は、間違っていない。

出したメールがすぐに返ってこないと男は不安になる。そしてそれから相手を安心させればその分だけ感動が増える。「サプライズ」と同じ構造と言えるだろう。

だが、しかし。

この戦略を使う多くの女たちには根本的な欠陥がある。

そして、俺が今から言う話は、知っておくだけでお前の恋愛能力を劇的に変える可能性があるので心して聞くように。

先ほどの恋愛本に書かれていた方法は、最も一般的な**「駆け引き」**とされるものである。

しかし、ここで改めて問う。

「駆け引き」とは何か？

好きな男からメールが来た。本当はすぐに返信できるけど、「すぐ返信したら安い女だと思われるから」忙しいフリをした。

それは、一言で言うと、ウソである。

つまり、駆け引きとはウソである。

そして、ウソは、バレる。

実際に忙しそうな女の返信が遅くても気にならないが、忙しくもない女が全然メールを返し

てこないと「不自然さ」が漂《ただよ》い、

「こいつわざと返信遅らせてるんじゃねーか？」

と勘ぐられる。

そして、女の行動の裏側に「テクニック」が透けて見えたとき、男は猛烈に冷めるのである。

たとえばビジネス交渉の古典的なテクニックで
「あらかじめ高すぎる金額をふっかけておいて、そのあとに妥当な金額を言う」

というものがあるが、相手がそれをテクニックとして使ってきたことが分かった途端、その人間が一気に信用できなくなり、取引そのものを見直すだろう。それと同じである。

だが、（ここからが重要なのだが）お前が駆け引きをせずに、すぐにメールを返信してしまうのも間違っている。

歌手のＹＵＩも、歌の中で「すぐに返信してはだめだって誰かに聞いたけど返信してしまう。好きだから」という女心を歌っているが、俺はＹＵＩと携帯電話の間に両手を広げて立ちはだかり、「ＹＵＩよ、お前の魅力をもってしても、その行為は危険すぎるぞ！」と止めざるを得ない。やはり、すぐにメールを返信してしまっては「あ、この女俺に気があるかも」と男を調子に乗らせてしまうのだ。

「駆け引きはウソである。だが、メールはすぐに返信してはならない」

この矛盾する状況を打破するにはどうしたらいいか？

方法は一つしかない。


メールをすぐに返信できないように「本当に忙しく」するのである。


メールを打つ時間も惜しいくらい多くの予定を入れる、さらに、好きな男からのメールが埋もれてしまうくらい、いつもメールをくれる男の知り合いをたくさん作る。すると、その男のことを考える時間も少なくなり、結果的にメールを返信するタイミングが「自然に」遅れていくのである。

これこそが、俺の提唱する

「あ《A》れ？　こ《K》れ、結《K》果的に駆《K》け引きにな《N》っちゃってま《M》す？　理論」
略して**「ＡＫＫＫＮＭ理論」**である。

このことを理解できたなら、今後の恋愛ノウハウ本の読み方がまったく変わってくるだろう。そもそも恋愛マニュアルに書いてある方法は、うまくいっている者の「結果」を分析したものでしかない。しかし重要なのは、結果ではなく、そこに至ったプロセスを再現することなのである。

たとえば「メールをすぐに返信しない」というテクニックの他に

「男に仕事を与えることで達成感を感じさせる」

という方法が本に載っている。

これをそのまま鵜呑みにして、デート中に「疲れた」と言って、休める場所を男に探させるという仕事を与える女がいるが、男からすると「俺は『食べログ』じゃねえ！」となる。

それよりも「結果的に」男に仕事をさせるにはどうすればいいだろうかと考えれば、「自分の欲求をうまく口に出す」ことを心がけられるようになる。

「疲れた」と思ったことをそのまま口にするのではなく

「30分おきに休憩したいタイプです」

と可愛く言えれば男が「じゃあお茶する場所探すね」となりやすいはずだ。

また、男が仕事をしたとき、それがベストの行動ではなかったとしても

「あんた、優しすぎ」

「ミスター・ホスピタリティって呼ぶことになるけどいい？」

「『紳士的』っていう言葉を辞書で引いたときあなたの名前を載せるように岩波書店にメールしとく」

などとホメて気持ちよくさせることで、男はどんどん仕事を探し出す。その結果、お前が重い荷物を持っているときには

「その荷物、持たせてもらえます？（懇願するような表情で）」

となり、最終的には

「結婚してください（ハリー・ウィンストンの婚約指輪を頭の上に置いた状態で土下座しながら）」

となる。

もし、お前の手元に恋愛ノウハウ本や雑誌があるのなら、「ＡＫＫＫＮＭ理論」の観点からもう一度読み返してみよ。お前の恋愛能力は驚くほどアップするはずだ。

Lesson 12 ＊ Summary

Theory 1

「AKKKNM理論」

駆け引きとはウソをつくことである。しかし、ウソは必ずバレる。
そこで男に対しては駆け引きをするのではなく、
結果的に駆け引きになっている状況を作り出すこと。

第13講

寸《すん》止《ど》ボメ理論／バスターエンドラン理論

Abruptly Suspended Flattery Theory / Slash Bunt Theory

男が告白せずにはいられなくなる寸止め理論

俺は今、猛烈に緊張している。

額からは滝のような汗が流れ、両腕は痙攣《けいれん》し、一分おきに落雷のような腹痛に襲われ、結果、トイレの中でこの文章をタイピングしている。

ついにこの日が来たか。

お前たちに**愛也流**「**寸止め**」**奥義**を授ける日が――。

正直、この日本で俺ほど「寸止められ」てきた男はいないだろう。

大学時代に憧れの先輩とキスをするところまでこぎつけたが、数日後に会ったとき「この前のこと忘れてくれる?」と鶏《にわとり》クラスの忘却力を要求されたことがあった。初デートで温泉旅館に泊まるというG難度の技を決めたのだが、布団の中で身体を触ろうとするとどこからともなく手が伸びてきて、それはもう「千手観音かよ」というくらいの守護神ぶりで、午前0時から4時までの間ペナルティエリアに入ることすらできなかったこともある。

だが、皮肉なことに、これらの黒歴史によって、俺はどういう寸止めが男を燃え上がらせるのかを完璧に把握することに成功した。お前たちは今から俺が教える理論を使うことで、近日中、確実に男を落とすことになるだろう。

では、まず両目を閉じよ。

年齢も峠を越え、肌の張りも失い、貧乳の、黒乳首の、女としての魅力が皆無であるお前みたいなものに落とされてしまう男たちのことを偲《しの》んで、まずはこの場で黙祷《もくとう》せよ。

――さて、それでは寸止め理論の具体的内容を明らかにしていくわけだが、ここで改めて「寸止め」という概念を確認しておく。

「寸止め」とは、デート中に身体を求めてきた男にギリギリのところで「おあずけ」を食らわせることで男を燃え上がらせる技術であり、その最大の効用は、遊びでお前を求めてきた男を「本気」にし、「付き合ってください」という告白を引き出すことができる。つまり、寸止めの技術を磨けば磨くほどお前たちは本命の彼女になれる可能性が高まるというわけである。

だが、しかし。

もはや女向け恋愛ノウハウの常識となった「寸止め」であるが、どの本を開いてみても「男は寸止めで落ちる」とは書いてあるが、実際どのような寸止めが正しいのかについては深く言及されていない。そして問題は、多くの女が「間違った寸止め」をしているがゆえに、「寸止め」によって男から嫌われているという事実である。

その中でも特に最悪なのが、男の部屋でそういう流れになったときの

「私、付き合ってない人とはHしないの」

である。

この言葉を言われた瞬間、男は

「え？　これ、商談すか？」
となり、
それはたとえるなら、夜景の綺麗な高層ホテルのフレンチで料理のフルコースを頼んだ男が店員に
「このワイン、安くならない？」
と値切りするくらいの**野暮さ**である。
しかし、野暮な女になるのを恐れるあまり、「もってけドロボウ！」と江戸っ子的開脚をしてしまうと、それはそれで「ハウスワインの女」に成り下がってしまう。
だからこそベッドを前にした攻防戦は難解な局面になるのであるが、それを打破するのが

正しい寸止め

なのだ。
さて、それでは正しい寸止めについて教えていくわけだが、
まず寸止めの基本中の基本は

笑顔

である。

いざHを前にしたとき不安なのはお前だけではない。男もまた不安なのだ。

「こんなことしたら嫌われるかもしれない」

そんな不安におびえながら、清水の舞台を飛び降りる覚悟でもってお前たちの身体を求めている。

ゆえに、笑顔である。笑顔でいることで男の不安を取り除くことができ、男はお前を楽しく求め続けることができるのである。

笑顔　＋　ヤラせない

この公式を知っておくだけで、お前はかなりの**スンドメニスト**となることができるだろう。

また、裏を返せば、お前たちが寸止めする際に犯してしまいがちなミスは

言わなくてもいいことを言う

である。

たとえば、身体を求めてきた男に対してついこんな台詞を口に出してしまう。

「すぐHするとと後悔するから」

すると男は（じゃあ昔すぐHして後悔したことあるってことかい！）となる。

他にも

「こういうことする人嫌い」↓（じゃあなんで家まで来てんだ!?）

「私、軽くないんだよね」↓（駆け引きしてんじゃないよ！）

「私、体に自信ないし」↓（萎えるわ！）

ベッド前での寸止めは**地雷フレーズのエレクトリカルパレード**になると心得よ。

だが、かといってずっと無言のまま男の攻撃をかわし続けるのも不自然である。

そこで、今から男の攻撃をかわす際に、最も有効となる台詞を授ける。

この方法は、たとえば今後どれだけゲゲゲの鬼太郎が進化しようが、父親が「目玉」であることが変わらないように、寸止め業界においても、永遠に変わらぬ王道の台詞なので頭に叩き込んでおくこと。

その方法は至ってシンプル。

部屋で男がガバっと来たときに、

「まつ毛、長いんだね」

などと男をホメ、**ドキッとさせた隙《すき》に、サッと身をかわす**というものである。

男が体を求めてくる瞬間というのは、同時にその男との物理的距離が最も近づく瞬間であり、「近くで見たら思わぬチャームポイントを発見してしまった」という体（てい）で男をホメて隙を作るのである。

これが**「寸止ボメ理論」**である。

この寸止ボメ理論が優れているのは「男から逃げるための言いわけをしている」という状況

ゆえに、かなり際《きわ》どいホメ言葉を投げても全く気持ち悪くならないという点である。
たとえば、

「顔、小さいね」
「唇厚い人好きなんだけど」
「目、すごく綺麗だね」
「鎖骨のくぼみ方が素敵だね」
「ヒゲのキューティクルがツヤツヤだね」
「ほうれい線の角度いいね」
「濃すぎず、薄すぎずの眉毛だね」
「大胆な鼻の穴だね」
「ホクロの位置がオリオン座になってるね」
「この喉《のど》仏、マジ仏だね」

繰り返すが、寸止めのときは「付き合う付き合わない」などの「直接的な台詞」ではなく、寸止ボメ理論に代表される「間接的な台詞」を使うことでこちらの本音を掴《つか》ませないこと。

イメージすべきは、村上春樹の小説である。ストーリーに明確なオチを作らないことで「え？　これってもしかしてあれがこうなってるってことなの!?」と読者に想像の余地を与える。まさに村上春樹とは日本が世界に誇る「寸止め小説」なのであるが、それと同様の手法を使うことで、男はお前のことばかりを考えるようになりお前という世界にどっぷり浸《ひた》っていくことになるだろう。

さて、ここまでマスターすればライバルたちには圧倒的な差をつけることができるが、
冒頭で俺はお前たちに約束したはずだ。

「この理論によってお前たちに確実に男を落とさせる」と。

そこで、今から、「寸止め界に愛也あり」と言われ、寸止め業界で不動の地位を築くことになった**最強の寸止め理論**を授ける。

この理論は今日をきっかけに日本列島を駆け抜け、一か月もすれば日本全国6000万人以上の女たちにとっての「周知の事実」となるので、読み終えたら即行動に移すこと。

それでは理論の具体的な説明に移るわけだが、
男がお前の身体を求める際、大きく分けて次の3点に触れようとしてくるはずである。

口
胸
股間

だがこの点に関しては、ほぼすべての女が勘違いしているのだが、男たちは「口」「胸」「股間」という三つのものに対して、なんとなく、全体的に狙っているわけではない。

男は、

口には口への、

胸には胸への、

股間には股間への、

特有の事情と思いを抱きながら攻めているのだ。

そして、お前たちは、なぜ男が女の身体を求める際に、最初に「唇」を奪おうとするのか考えたことはあるだろうか？

男が最初に女の唇を狙う理由。

それは、

そうしないと、**変態**だと思われるからである。

世の中では、恋愛においてA→B→Cという常識的流れが存在しており、その流れをすっとばしていきなり先に進もうとすることは、たとえば親族の葬式にスパンコールのタキシードで登場したり、東京観光に来て真っ先に向かうのが「鶯谷《うぐいすだに》」だったりするのと同様、「変な人」になってしまう。

だからこそ男は「口」を狙っていくのであり、キスをしたくてたまらないから、というわけではない。

そして、ここからが重要なのだが、女とする最初のキスを——もっと言えばディープキスを「気持ちいい」と思える男は少数派である。

なぜなら、口というのは、他人の「体内」であり、そして、動物である以上、他人の体内に忍び込もうとする行為には「リスク」があり、意識的にも無意識的にも男は身構えている。より具体的に言うなら「臭くないか（嗅覚）」や「変な味しないか（味覚）」、「舌の動きが早すぎないか（触覚）」に敏感に反応し、キスをきっかけに「この女やめとこ」となってしまうケースすら存在するのである。

「股間」も同様である。

お前たちからしたら「ああ、『男』ね？　あの股間まっしぐらで有名なクリーチャーでしょ」くらいに思っていることだろうが、女の股間に触りたくてしょうがないと思っている男は意外に少ない。むしろ、他人の「体内」である股間に対して気持ち悪いと思っている男もたくさんいる。

が、しかし。

先ほど挙げた3点の中で、**唯一、胸のみ**が、体内ではなく外に突き出している。

（あと尻であるが、尻というのは痴漢を連想させるので狙ってくる男は少ないし、のっけから尻を狙ってくる男とは連絡を絶った方が良いだろう）

さて、「体内」ではなく外側に出ているということはどういうことか？

それは何も隠れていないということであり、そこにはリスクが存在しないということであり、スーパーマリオでいうなら、口や股間は「土管に入る」くらいの不安があるとすれば、胸に関しては**「1UPキノコ」くらいの安心感**があるのである。

——結論が出たようだ。

男たちはお前の身体を求めて来る際、最初に口を狙ってくる。

その口を防ぎながら、同時に、**相手の身体に胸をこすりつけよ。**

結果、**かなり矛盾した行動になる**が、これが正解である。

また、男が胸を狙ってきた場合は、**少し触らせとけ。**

（ちなみに、この手法は貧乳のお前でも使えるから安心してこすりつけていけ。そもそも男が女の身体を求めるときはじっくり味わう余裕もないので、胸というより「ブラ、メイン」の状況になる。このとき男にとって重要なのは大きさではなく「胸に触れている」という感覚なのだ）

繰り返しになるが、このとき絶対に「私、胸小さいから」とかコンプレックスを吐露《とろ》するなよ。あくまで、**「お宝」に触らせてやっている**という感覚が男を燃え上がらせるのである。

野球において**バスターエンドラン**という技がある。

送りバントすると見せかけて突然バットを持ちかえてフルスイングして内野手の裏をかき（バスター）、その間にランナーに走らせる戦術だが、まさに、お前たちは自分の「バスト」によって相手を急襲することで、相手との関係性を一塁から二塁、三塁へと進ませるのである。

結婚適齢期も過ぎ、親からの風当たりも強くなり、追い込まれた状況でバッターボックスに立つお前に対して、監督・水野愛也が出すサインは、ただ一つ。

「バスターエンドラン」である。

Lesson 13 ⋆ Summary

Theory 1

寸止めの鉄則

ベッドを前にしていきなり「商談」を始めてはいけない。
笑顔で楽しそうに男の攻撃をかわし、寸止めを続けること。

Theory 2

「寸止ボメ理論」

男が身体を求めてきたときに、身体が急接近したことを利用して
男の顔や身体の一部をホメ、その隙に男からの攻撃をかわすこと。

Theory 3

「バスターエンドラン理論」

男が身体を求めてきた際、「口」「胸」「股間」の中で
「口」と「股間」はガードし、「胸」のみを少しだけ触らせること。

第14講

泥酔ぶっちゃけ理論

Brutal Honesty While Plastered Theory

男を虜《とりこ》にするセックス講座

今回の授業を始める前に、お前たちに質問がある。

過去に**セックスノウハウ本を一冊でも読んだことがある者**、手を挙げてみよ。

ここでもし手を挙げられない者は、全身に「愚者」というタトゥーを彫り、玉川上水に太宰治の同伴無しで飛び込んでもらうことになる。

「彼氏が欲しい」「結婚したい」そんなことを言う女たちは後を絶たないが、そのほとんどがセックスの研究に真正面から取り組んでいない。

アホかと。

これだけ「男＝セックスしたい生き物」であるということが分かっているのに、「恥ずかしい」とか「気持ち悪い」という自分目線の理由でセックスを研究していないのは怠惰以外のなにものでもない。

暗黙知、という言葉がある。

これは、勘や経験に基づく知識であり、言葉で表されていない技術を指す。

そして、「言葉で表されていない」という意味では、密室で行われている「セックス」はまさに暗黙知であり、未知のスキルの宝庫だと言えよう。

そして――この事実にいち早く気づいたのが愛也であった。

「そ、そうか！　恋愛において誰も研究してない分野はセックスなんだ！」

上京して間もない頃、そのことに気づいた**童貞**の俺は、すぐさま国会図書館に向かい、セックスと名のつく本を片っ端から読んでいくという苦行を自らに課した。

ちなみに国会図書館では卑猥《ひわい》な本を注文すると**別室に通される**。

二階にあるその部屋は十畳程度しかなく、卑猥な本を取り寄せてしまった憐れな子羊たちが罪悪感に打ちのめされながら、肩を寄せ合い、無言のままページをめくり続けるのである。もちろん、司書からは白い目で見られる。わき上がる「羞恥心」や「俺、何やってるんだろ感」

と戦いながら、セックス関連の本を読破していく俺は、まさに、菩提樹の下で悪魔の誘いを退けながら悟りにたどりつこうとしたブッダそのものであった。

こうして国会図書館のセックス関連本をすべて読破してから数か月後、ベッドの上で女から

「あんた、何してんの？」

と言われ、震えている俺がいた。

そのとき俺は、加藤鷹の著書に書いてあった**女の股間にリズミカルに息を吹きかける**という技を試し、女から不思議がられていたのである！

スパルタ婚活塾生全員に言っておきたいことがある。

俺と同じ轍《てつ》は踏むなよ。

セックスでは、どこかの本で仕入れた技を披露しようとするな！　特に最初のセックスでそんなことをすると大やけどを負うことになるぞ！

その事態を防ぐために、「初セックスで嫌われる女の４タイプ」を挙げておく。男とベッドを共にする前に必ず頭に叩き込んでおくこと。

初セックスでこんな女は嫌だ　その１　技を披露《ひろう》してくる

自分の技に自信があるのか知らんけど、最初のHで男のモノをすごい勢いでナメたりする女がいる。そんなことされても男側からすると

「この技、他の男で成功体験あるんじゃないのか？」

と警戒心を強めるだけである。繰り返すが、女は男の前で他の男の匂いをさせてはならないのだ。

初セックスでこんな女は嫌だ　その２　緊張しすぎ

「仮氏理論」でも述べたが、セックス慣れしていない女にも男は興ざめする。

緊張のあまりプルプル震えていたり、口数が多すぎたり（または少なすぎたり）すると不自

然な感じがして男は萎えてしまうのだ。

初セックスでこんな女は嫌だ　その3　**指示を出してくる**

「セックス慣れしてない女だと思われるのが嫌」なのかもしれないが、男に対して妙に上から来るというか「ここ触って」「ここ舐めて」などと指示を出してくる女がたまにいる。しかし、初セックスでの女はあくまで「受け身」が基本である。

初セックスでこんな女は嫌だ　その4　**感じているフリをする**

ベッドの上で男を興奮させるために、感じたフリをするやつがいるが、スパルタ婚活塾では、男を感じさせるための演技を禁じている。いや、確かに男は女と違って相手の反応に対して鈍感なので演技に騙《だま》されるやつもいるだろう。

が、しかし。

お前は初セックスで演技をしたことによって、今後、ずっと演技をし続けなければならない。

それはお前にとってストレスだし、いつもストレスを感じていたらその相手とのセックスが嫌いになってしまう。もし演技をするのだとしても、それは「自分を盛り上げる」という快楽目的のためだけに使うこと。

さて。

演技もできない、技も披露できない――では、男との初セックスでは何を心がけるべきなのだろうか?

その方法を言葉で表現するのは難しいのだが、セックスが上手な女に共通しているのは**相手の動きに合わせて絡《から》む**ということである。

「DK(ディープキス)」を例にして説明すると、DKの下手な女は大きく次の二つに分けられる。

× 舌が奥に引っ込みすぎ

× 舌の動きが速すぎ

前者は、緊張しすぎて動きに大胆さがないのであり、後者は「何かしなければ」と焦るあまり相手の動きを無視している。

しかし、ＤＫの上手な女は、相手の舌の動きに自分の舌の**動きを合わせて絡ませていく**のである。

これはＨのすべてに言えることで、自分の身体が触られているときでも、相手と腕や身体を自然に絡ませる動きができる女がＳＳ《セックスセンス》の高い女――いわゆる床《とこ》上手である（余談だが、現在愛也は「床《とこ》15段」と言われており、10段以上は、俺を除いて加藤鷹とアダム徳永だけである。現在、「日本床勢力図」は三強時代に突入したと言われている）。

さて、しかし、この動きだけでは、「この女の子のＨは感じがいいな」と思わせることはできても、男を虜にするまでには至らないだろう。

そこで、ぜひマスターしてもらいたいのが

「泥酔ぶっちゃけ理論」


である。

この方法は、男との交際が始まり2、3度セックスをした頃――つまり、男とのＨが日常化

する前に仕掛けてもらいたいのだが、

Hをする前に酒を大量に買い込み、男に飲ませまくり、自分も飲み（ないしは飲んだふりをして）お互い酔っぱらったという**前提**をつくり、

「どういう風にHしたいのか」

「何をされると興奮するのか」

男の性癖を聞き出したり、自分がしてもらいたいことをぶっちゃけるのである。

そして、**本来であれば自分はそういうはしたないことをする女ではないが、今は酔っぱらっているのですする、**という予防線を張った上で、開放感あふれたHをするのである。

そしてあくる日の朝、顔を真っ赤にして**「昨日のことは忘れて」**である。

また、この技を最大限に利用するのであれば、お前は普段からセックスに対して**「こういうことをしてみたい」**という好奇心を育てておくべきである。

これが俺の提唱する**「むっつり理論」**である。

お前が男を喜ばせたいと思っているのと同様、男も女が喜んでいる姿を見たいのだ。もちろんあまりずけずけと性癖を告白すると男を冷めさせる危険性があるので注意が必要だが、泥酔

という言い訳を使えば男との関係を深く掘っていくことができるだろう。

さらに、俺が推奨《すいしょう》したいのは、**男のセックスがド下手だった場合の泥酔ぶっちゃけ**である。

ほとんどの女たちがセックスがド下手な男に対しては

「この男とのセックスは気持ちよくない」

とあきらめしまうが、**絶対にヤメろ。**セックスにおける快楽の放棄は男との関係がうまくいかないどころか、結婚してから何十年も付き合っていく上で必ず大きな障害になる。

その場合に勧めているのが**「泥酔セックス教室」**である。

泥酔した上で、女の子はこういう風に触られると気持ちいい、こうされると感じるという技術を叩き込み、自分にとって都合の良いダッチ・ハズバンドへと成長させるのである。

実は、これをやられると、男はかなりうれしい。

というのも、冒頭で述べたように、セックスとは密室で行われるものであり、男たちも自分のやり方が正しいかどうか不安を持っているからだ。

Hについて色々教えるという関係を築いてしまえば、男をどんどん調教できるし、さらに、今後は一緒に色々なセックスを試していこうという雰囲気が作れるので、「過去に出会った中で一番Hが気持ちいい女」のポジションを獲得することができるだろう。

俺は、男女間のセックスはＲＰＧ《ロールプレイングゲーム》の「ダンジョン」であるべきだと思っている。地下に降りていくダンジョンの中は真っ暗闇である。さらに、そこには敵がいたり、毒の沼地があったりする。しかし、お互いが協力してダンジョンの奥地へと進んで行ける空気を作ること。そうすれば、必ず二人だけの宝箱を見つけることができるはずだ。

Lesson 14 ⋆ Summary

Theory 1

セックスの鉄則

初セックスで男に嫌われないためには、
以下のＮＧを出さないよう心がけること。
「技を披露しない」「緊張しすぎない」
「指示を出さない」「感じているフリをしない」

Theory 2

「泥酔ぶっちゃけ理論」

酒の力を借りて、「いつもはこういうはしたないことはしない」という
前提を作った上で、なんでもぶっちゃけられる空気を作り、
相手の性癖を聞き出したり、自分のしたいセックスを伝えること。

Theory 3

「むっつり理論」

男も女を喜ばせたいと思っている。そのためには、
どういうセックスをしてみたいのか日頃から想像を膨らませておくこと。

第15講

愛也流・禁断のセックス術

Aiya Style Forbidden Sex Technique

身体だけの関係から「本命」にキャリアアップする方法

前回の講義では愛也流セックス奥義を叩き込んだわけだが、スパルタ婚活塾では次の問題を素通りにするわけにはいかないだろう。

そう——**SF問題**である。

SF問題とは、まだ交際もしていないのに男に身体を許してしまい、そのあと本命になりきれず身体だけの関係が続いていく状態で、いわゆるセックス（S）フレンド（F）問題を指す。

なぜ多くの女はSF化してしまうのか。

その一番の原因は

「恋愛格差」

である。

男側からすると、その女は本命にするほどの相手ではない。もしくは妻と別れてまで結婚する気がない。ただ、それを直接女に伝えては関係が切れてしまうので
「なんで付き合うことにこだわるの？」

とか
「俺、彼女は作らない主義なんだ」

とか言い訳をするのである。

まあ、俺がそんな男を見つけたら半殺しどころか、9.9殺しにした上で反省文として辞世の句を詠《よ》ませ、

「すみません　単にヤリたい　だけでした」

を書き終えた瞬間に介錯《かいしゃく》することになるわけだが、女が男に身体を許してしまうのは、その男が女にとって「ワンランク上の男」だからであり、「好き」になってしまっているからであろう。

ちなみに、スパルタ婚活塾ではＳＦは基本、禁止である。

あくまで「寸止め」にこだわり、男との圧倒的な「格差」が存在したとしても、「寸止め」した後、次に男に会う1週間〜2週間の間に、会話及び外見を磨きまくり、それは競走馬で例えるならひたすら「坂路」での「一杯調教」であり、馬体重マイナス15キロをモノにするという**「超スパルタ自分磨き」**を推奨している。ぜひその調子で婚活の凱旋門賞まで登り詰めて欲しい。

だが、しかし。

巷に存在する女向け恋愛本に書いてあるのは「体だけの関係になってはいけません」「もっと自分を大事にしましょう」の一点張り。これでは今、SFになってしまっている女たちが浮かばれない。

そこで俺はSFになっているすべての迷える子羊にこの言葉を捧げよう。

「本命なをもって結婚す。いわんや、セフレをや」

訳　本命でも結婚できるのに、どうしてセフレが結婚できないことがあろうか

「淫鸞《いんらん》」の僧名を持つ愛也が提唱する「SF正機説」である。

——だが最初に言っておく。

ＳＦから本命になり、さらには結婚まで登り詰めようとするのはいわば蛇の道である。そこには通常では考えられないような試練が待っているだろう。

それでもその道を行くのなら、もう俺に止めることはできない。

すべての男を虜にする**禁断のセックス術**を授けよう。

それでは講義を進めていくことになるが、まず最初に考えなければならないのが、

「ＳＦ化することの有利な点は何だろうか？」

ということである。

そもそもこれまでの恋愛本ではＳＦ化することのデメリットばかりが語られ、メリットについて言及されることはなかった。

確かに、ＳＦ化することには多くのデメリットがある。

その中でも特に大きいのが「女としての最大の切り札を使ってしまうことで自分の価値が高められなくなる」という点だ。男はＨすることを目的としている生き物だから、その最終目的を達成させてしまうことは致命傷になり得る。

だが、しかし。

闇あるところ、必ず光あり。

デメリットが存在するということは、同時に隠れたメリットも存在するということである。

そしてSFのメリットとは、一言でいえば

男が「練習試合感覚」でセックスに臨むことができるという点なのである。

公式戦は緊張する。「勝利」という目的があるゆえに、身体の動きが硬くなる。自分の思ったプレイもできない。

だが、練習試合ならばどうか。

負けてもいい分、リラックスして試合ができるし、いつもとは違ったプレイにも挑戦できる。

そしてここに、男を魅了する突破口が存在するのである。

――次の表を見て欲しい。

これは日本最大級の同人誌ダウンロードサイトで男の嗜好《しこう》を分類したものである。

【こだわり】

着衣　チラリズム　萌え　燃え　ベタ　コテコテ　感動　癒し　淡白　オールハッピー　ツンデレ　女性視点　鬱　脚　お尻　フェチ　おっぱい　マニアック　アブノーマル　淫語　汁／液大量　連続絶頂　断面図　ポリゴン　アニメ　アイテム

メガネ　首輪　鎖　拘束具　道具　異物　靴下　リボン　ピアス　装飾品　包帯　注射器　ムチ　縄　蝋燭　おもちゃ　カチューシャ　薬物　ローション　スタンガン　おむつ　キャラクター　少女　ロリ　ぷに　年上　少年　ショタ　妹　母親　義妹　娘　義母　義姉　熟女　人妻　お姉さん　既婚者　幼なじみ　双子　保健医　女医　女教師　教師　委員長　先輩　サラリーマン　ホスト　ＯＬ　戦士　女王様　お姫様　エルフ　妖精　おやじ　天使／悪魔　同性愛者　幽霊　魔法少女　魔法使い　魔女　お嬢様　妖怪　ニューハーフ　性転換ＴＳ　天然　電波　インテリ　擬人化　女体化　けもの　獣化　ロボッ娘　ドジっ娘　ロボット　姉妹　変身ヒロイン　ヤクザ　裏社会　リーマン　兄　弟　父　健気受け　レトロ／耽美　同級生／同僚　強気受け　俺様攻め　後輩　やんちゃ受け　ヘタレ攻め　主従　誘い受け　クール攻め　警察　刑事　オヤジ受け　クール受け　執事　乙女受け　男の娘

【コスチューム　職業】

制服　セーラー服　体操着　水着　メイド　ナース　巫女　軍服　下着　パンツ　レース　フリル　ゴスロリ　コスプレ　ボンデージ　ブルマ　チャイナ　ミニスカ　着物　和服　エプロン　ラバー　レオタード　白衣　シスター　ワイシャツ　ウェイトレス　バニーガール　スパッツ　ニーソックス　ストッキング　ローレグ　スクール水着　スーツ　ガードル　ガーター　半ズボン　ブレザー　男装　女装

【シチュエーション】

学校　学園　オフィス　職場　屋外　ラブラブ　あまあま　ギャグ　退廃　背徳　インモラル　コメディ　日常　生活　ミリタリー　ＳＦ　スポーツ　格闘　ほのぼの　恋人同士　シリアス　ファンタジー　歴史　時代物　パラレル　ホラー　キャットファイト　スプラッター　サスペンス　ハードボイルド　バイオレンス　ヤキモチ　オカルト　ティーンズラブ　歳の差　魔法　芸能　同居　純愛　耽美　戦場　おもらし　伝奇　ボーイズラブ　リバ　年下攻　ハーレム　やおい　寝取られ　百合　ミステリー　丸呑み　電車　寝取り　歴史　無理矢理

【プレイ】
ノーマルプレイ　強制／無理矢理　複数プレイ　乱○　放置プ○イ　レズ　女同士　ホモ
男同士　近親相○　輪○　パイズリ　和○　手コキ　足コキ　ぶっかけ　顔射　○出し　妊娠
母乳　搾乳　出産　産卵　陵○　オナニー　ＳＭ　緊縛　フェラチオ　痴漢　調教　変態　淫
乱　露出　言葉責め　青○　拘束　奴隷　浣腸　羞恥　恥辱　監禁　焦らし　くすぐり　鬼畜
盗撮　男性受け　催眠　放尿／おしっこ　アナル　スカトロ　触手　獣○　機械○　拡張　下
克上　ソフトエッチ

【身体的特徴】
ショートカット　ロングヘア　おかっぱ　茶髪　金髪　黒髪　三つ編み　ポニーテール　ツ
インテール　ネコミミ　獣耳　長身　スレンダー　むちむち　羽根　筋肉　巨乳　爆乳　貧乳
微乳　複乳　怪乳　超乳　乳首　乳輪　ぼて腹　妊婦　つるぺた　パイパン　陰毛　腋毛　ふ
たなり　巨根　童貞　処女　巨大化　しっぽ　関西弁　ボクっ娘　無表情

男の趣味がいかに多岐《たき》に渡っているか分かってもらえたはずだ。

そして世の中の男たちはこういう嗜好を持っていながら、

「キモいと思われたらどうしよう」

「嫌われたらどうしよう」

「俺の頭は、大丈夫なのか？」

という恐れのあまり、公式戦で試すことができていないのである。

これを打破するのが前の講義で教えた**「泥酔ぶっちゃけ理論」**なのであるが、ＳＦであるお前は、それに加えて通常の会話からも男の趣味をどんどん引き出していってもらいたい。

たとえば、国会議員が盗撮で逮捕されたというニュースが流れたとき

女「そういえば国会議員のＡが盗撮で逮捕されたよね。でも、地位を捨ててもいいっていうくらい、そういうことしたかったってことだよね。男の人の趣味って本当に分からないわ」
男「俺も盗撮は分からないな」
女「盗撮『は』？　ってことは、盗撮以外は分かるってこと!?」
男「いやいやいや！（笑）」

女「そこんとこ詳しく教えてもらえる？　第二のAにしないためにも聞いておかないと！」

――すべての会話は性癖に通ず、である。

そして、俺の授業では「男の中に眠っている性癖を引き出すセックス」を「ネクストステージセックス」――「**ネックス**」と呼んでいる。

もし、男とSFの関係になってしまっているのであれば、すみやかにネックスへの移行を目指すこと。

だが、先ほどの男の性癖一覧表を見て、正直「自分には無理」と引いている女もいるはずだ。ローション程度のソフトなプレイであれば問題なかろうが「俺のウ○チ食べて」と言われて、「ごっつぁんです」と言いながら男の尻に向かって右手で「心」の字が書ける女は極めて稀だろう。

また、そこまではいかなくとも「○射」や「○○ズリ」などは女にとって「地雷」と呼ばれる行為であり、これをやると「AVの真似事してんじゃねーよ。女はモノじゃねーんだわ！」とブチ切れられるという話はよく聞く。

もちろん、自分の気持ちにウソをついてはならない。

セックスの鉄則「演技の禁止」でも述べたが、自分にウソをつくセックスはストレスになる。

あくまでセックスは恋愛において魅力的なアトラクションでなければならないのだ。

ではどうすればいいか？

男の性癖を受け入れられなかった場合、どうやってネックスに移行することができるだろうか。

結論を言うと

愛

である。

セックスからネックスへの移行を可能にするのは「愛」をおいて他にはない。

「愛」とは自分の欲望と同じように他者の欲望を扱うことができる状態である。

つまり、興奮している相手の立場に立ち、相手の気持ちと一体化することで**「気持ちよくなっている相手を見ると気持ちがいい」**という状態になるということだ。

では、どうすればそのような「愛」を身につけることができるのだろうか？

それは、**善《よ》いことをしまくる、**である。

老人に席を譲り、困っている人を助け、友人の誕生日は盛大に祝い、親孝行をする。

一見、セックスとは最も遠い場所にあるこうした「善行」を日常的に繰り返し、そして「善行」をするたびに「ああ、人の喜んでいる顔を見るのって楽しいなぁ」という状態になっていけば、その心が恋愛関係、ひいてはセックスに反映されていく。

言ってしまえば、男の性癖を受け入れるというのは、**セックスというよりむしろ介護に近い**のだ。

さて、こうして男の「隠された性癖」を引き出し、練習試合のように試させることができれば、セックスにおいては本命の彼女より優位に立つことができるだろう。

――だが、セックスには、この次がある。

ネックスの、さらに次の形態に進むことで、「SF正機説」を盤石にし、お前は涅槃《ねはん》の地に生まれ変わることができるのだ。

それこそがまさに「サードステージセックス」――愛也の門下生の間で「**サックス**」と呼ばれるセックス形態である。

「サックス」をより分かりやすく説明するために、ここではSとMを例にしよう。
よく言われることだが、セックスの趣味は大きくS（攻め）とM（受け）に分けられる。
そしてサックスとは、
この男の趣味を「逆転」させ、**目覚めさせる**ことなのである。
たとえば、Sの男というのは基本、受け身になったり体を舐められたりするのが嫌なものだ。それを、「泥酔ぶっちゃけ理論」を応用して、酒を飲んだ勢いでいつもとは逆の行為を試すのである。
またMの男とは、あえて一緒にパーティなどに参加し、そこで他の男といちゃいちゃすることによって嫉妬心をあおり、その勢いでセックスをすることで男の中に眠っているS性を引き出す。
こうしてサックスに移行することが成功すれば、その男にとってお前は「快感を目覚めさせてくれた」女となる。
さらに、男からすると
セックス　↓　ネックス　↓　サックス
という移行を他の女とするのは至難の技なので、お前はその男にとってオンリーワンの存在になることができるだろう。

そして、男を快楽に目覚めさせ、最も興奮が高まった時点で**突き放せ**。

「付き合ってくれないなら、あなたとはもう会わない」と言え。

甘い果実を目の前にぶらさげた状態で、**おあずけを食らわす**。

これが、SFから始めて本命に至る方法である。

——さて、今回のセックス講義を聞いて、ハードルの高さに「自分には難しい」と思った女も大勢いるだろう。

だが、最後に伝えておきたい話がある。

進化生物学者のリチャード・ドーキンスは『利己的な遺伝子』の中で、人間とは「DNAの乗り物」に過ぎないと言った。そして、DNAの目的とは、「セックスをして子孫を残し、乗り物を乗り換える」ことであり、その意味で人間とはセックスを目的とした複雑な機械にすぎないと言える。

そこで人間は、より多くの人間にセックスを求めさせるために、「セックスを禁じる」という文化を培《つちか》ってきた。人間は「禁止されたものや容易に手に入らないもの」を求める習性があるからだ。だからこそ、性器には「モザイク」がかかるのである。

こうして、セックスというジャンルは人間にとって、「最大の目的であると同時に、最大の未開拓地」という、極めて皮肉な結果を生み出した。

だからこそ、顔が良く、スタイルが美しく、ファッションも洗練されているが、**セックスがド下手という女は多いのだ。**

極めよ。

ブスでもいい。スタイルが悪くてもいい。センスがなくてもいい。だが、セックスだけは極めなければならない。

なぜなら、

セックスとは、努力し、成長する者のために神が用意した、奇跡の領域だからである。

Lesson 15 ＊ Summary

Theory 1

「ＳＦ正機説」

ＳＦのメリットはセックスを「練習試合」化できることであり、
本命の彼女の前では見せれない性癖を試させることで
「ネクストステージセックス（ネックス）」へ移行することができる。
さらに、新たな性癖を目覚めさせることによって
「サードステージセックス（サックス）」へ移行した上で
「付き合ってくれないなら会わない」と突き放し
本命の彼女の座を狙うこと。

箸休め講義

雑炊《ぞうすい》理論

Rice Porridge Theory

男を落とす最高の「手料理」とは？

前回の講義で全精力を使い果たした俺は、体重が10キロほど落ち、現在都内の病院で右手に点滴を打ち、左手にレッドブルを持った状態でこの文章を口述筆記させている。

お前たちも前回の講義では、色んな意味で疲労したことだろう。

そこで今回は趣向を変え**「手料理」**をテーマにしたい。

手料理は一見軽いテーマに見えるのだが、昨今、婚活における「取扱い危険銘柄」となってきたので注意が必要だ。

というのも、女向け恋愛本（特に雑誌）が、

「手料理がおいしい女はモテる」

「家庭的な料理が上手だと男は結婚を考える」

などと煽《あお》ったからか、たとえばfacebookを使って「今日は○○作っちゃいました」などの「私、手料理得意でっせアピール」や、付き合い始めるとすぐに「何か作ってあげようか？」と手料理を食べさせたがる女が急増している。

こうして食卓に所狭しと並べられた料理は、もはや料理ではなく**プレゼン資料**であり、そんな緊張と恐怖の中で食べる料理をうまいと感じられるはずがない。

しかし、「衣食住」は生活の基礎であり、優れた「食」を提供することは、男を結婚に傾かせる有力なアピールポイントとなるのも事実。特に男という生き物は、30代になると衰《おとろ》える性欲と半比例するかのように食欲が増大するものである。

では、手料理に対して怯《おび》える男に、どうすればお前の手料理を食べさせ、魅了することができるだろうか？

この問題のヒントは、平成の宮本武蔵と呼ばれる水野愛也のライフワーク、「武術」の考え方にあった。

中国の伝説の格闘家・李書文は弟子にこう伝えている。

「千招《せんしょう》有るを怖れず、一招《いっしょう》熟するを怖れよ」

これは千種類の技を駆使する者より一つの技を極めた者の方が手強いという意味であるが、まさにこの考え方は「手料理」にもあてはまる。

お前たちは本日をもって、他の料理の訓練をすべて止め、「たった一つの献立のみ」を極めよ。

その献立とは……

雑炊である。

結婚という山頂を目指すお前たちは、「雑炊」のみを朝鍛夕練《ちょうたんせきれん》すべきなのだ。

なぜか。

まず、普段から「手料理アピール」をすると、男から「この女、結婚を狙ってるんじゃないか……？」と警戒されるので、手料理が得意であることは隠しておけ。

そして、ひたすら時が来るのを待つのである。
その時とは、
男が風邪をひいたときである。
そのときを見計らって「雑炊作ろうか?」と何気ない提案をし、
そしてキッチンに立った瞬間、
(ここよ! ここが勝負だわ!)
目をギラリと光らせ、料理の鉄人バリの手際の良さでもって、このときのために幾度となく訓練を繰り返してきた「雑炊」を作るのである!

この日までに、男が**「鶏がらスープ派」**か**「めんつゆ派」**か調べておけ!

あと、「ごま油」がイケるのなら、**最後に一滴垂らす**という技も使えるぞ!

だが、凝《こ》り過ぎるな!

特に『みつ葉』は厳禁だ！

みつ葉を使うと、あくる日男は冷蔵庫の中に大量に残されたみつ葉を見つけ、「これ、他に使い道なくね？」となる。「あの女、結婚したら贅沢するぞ」となる。

みつ葉はネギで代用せよっ！！！

ネギであれば、残っても使い道が豊富だ。なんなら焼いてそのまま食える。しかも、風邪に効く。

あと、代用という意味で重宝するのが「もずく」である。「もずく」は身体に良いし、卵雑炊の味に飽きてきたら「もずく雑炊もあるよ」と味を変えることができ、何より響きが家庭的だ。

「もずく、食べた方がいいよ」

風邪を引いたときのこの言葉にドキッとしない男はいないだろう。うまくいけばプロポーズの決め手は「あのときの『もずく雑炊』でした」となり、ウェディングドレスに身を包んだお前は両親の前で泣きながら **「私たち、運命の黒いもずくで結ばれてい**

ました」と言うことになる。

そして、忘れてはならないポイントは、**作り過ぎない**こと。

余った雑炊は水を吸いまくって食えなくなるぞ。

適量を作り、お前が男の部屋を去ったあとでも男が簡単に作れる状態にしておいてやる。そうすれば男が一人になったとき、お前がいかに気立てのいい女であるかを時間差を使ってアピールすることができるのだ。

しかも雑炊は、夫の体調が悪かったり二日酔いのときなど、**結婚後も大活躍する献立**であり、この「雑炊」を極めることでお前は幸せな結婚生活を送ることができるだろう。

追記
たまに「私、料理が苦手なんです」という女がいるが、そして俺自身も「料理には上手い下手があるものなんだな」と思っていたのだが、三年前、作家志望の人間を六人ほど集めて共同生活をしながら週替わりで飯を作り始めたところ、(俺もこのとき生まれて初めて料理を作るようになった)「料理が苦手」という状態がどういうことか完全に判明した。

作家志望の六人の中に、今泉という男がいたのだが、この男がズバ抜けて料理が下手でカルボナーラが固まって卵そぼろみたいになっていて、その下手さに衝撃を受けた俺は
「お前の料理の全工程を見せろ」
と今泉の隣で最初から最後まで観察していたのだが、
この男の料理がド下手だった理由はただ一つ、

レシピ通り作っていなかった

もっと言えば

計量カップと計量スプーンを使っていなかった

俺が今泉に、

「お前、プラモデルの説明書を見ずに、なんとなくボンドでひっつけてたタイプだろ」と聞くと今泉は静かに「はい」とうなずいた。

つまり「料理が下手」というのは、単なる「レシピ無視」に過ぎないのである。

そして、今泉という例外はあったものの、俺たちは「マニュアル本」を作っている人間であり、つまりは「マニュアル人間」の集団であり、料理も完全にマニュアル通り作っていたことから、

「俺たち、このまま本出さずに小料理屋開いた方がいいんじゃないか!?」

と互いに称え合うほどのハイレベルの料理を作ることができた。

——そして、現在、今泉はアトリエを去り、沖縄の旅館でアルバイトに励んでいる。

もし料理が苦手だと感じている者は、最も初歩的な本を買って来て、**一切のアドリブを禁じ**、調理道具から調理方法、すべてを完全にコピーしてみて欲しい。自分でも感動するレベルの料理が作れるぞ。

Side Dish Lesson ＊ Summary

Theory 0

「雑炊理論」

女が「手料理」を作ろうとすると、
「もしかして結婚を狙っているんじゃないか !?」と警戒される。
そこで、普段は料理が作れる素振りを一切見せず、
男が風邪をひいたときを見計らって渾身《こんしん》の「雑炊」を振る舞うこと。

結婚教室

Marriage Class

この教室で学ぶ恋愛理論

- 婚活の掟
- 小悪魔からリラックマ理論
- 高まっちゃった結婚
- 逆ギレ理論
- ＮＧＰ機論
- エージェント理論

第16講

婚活の掟《おきて》

Art of Konkatsu

婚活女子の結婚に対する根本的な「誤解」

これまで叩き込んできた恋愛理論をマスターすれば、お前は必ずや理想の男と交際を始めることができるだろう。そして二人を乗せた船は「結婚」という大陸を目指して出航することになる。

旅の最初は順風満帆、バラ色の未来が待ち受けているように感じられるだろう。

しかし、何か月、何年という旅を続けていると、次第にお前の航海にも暗雲が漂《ただよ》い始める。

本当に自分たちは結婚大陸に到着できるのだろうか？

そもそも、そんな大陸あるのか？

「必ず新大陸を見つけてやる」というコロンブスのような意気込みもいつしか失われ、ストレスのあまりヤケ食いに走り、最終的には**コロンと太ったブス**になり恋の終わりを告げられてしまうかもしれない。

そんな悲劇のラストを迎えないためにも、ここで今一度気を引き締めよ。もし結婚大陸に到着することができなければ、今までの努力はすべて水の泡である。

さて、それでは交際中の男を結婚に導く方法を教えていくわけだが、まず最初に確認しておきたいのは、

「恋愛」と「結婚」の違い

である。

『男性はどんな女性と結婚するのか』（日本版は『Good Marriage』）の著者、ジョン・T・モロイは、市役所に結婚許可証を取りに来た女とその婚約者、２５４３人にインタビューを試みた。その結果、**結婚できた女とできない女の明確な違い**を導き出した。

その違いとは――

結婚できた女は、結婚に執着していた。

彼女たちは、同棲などの条件では決して満足せず、必ず結婚するのだと心に決め、その指針に従って行動していたのである。

この調査結果は、一見、これまで俺が教えてきた恋愛の原則と反するようにも見える。

恋愛において最も重要なのは「余裕」であり、目的への執着は余裕を奪うことになると俺は再三にわたって述べてきた。

しかし、結婚というゴールにたどり着くためには**目的が強烈に意識されていることもまた必要**なのだ。

この状態は、**オリンピックを目指すアスリート**に近いかもしれない。

アスリートたちが本番の数分の間に最高のパフォーマンスを発揮するためには、リラックスした状態でなければならない。タイムという結果に執着しすぎると、本番で緊張して力を出し切れない。

しかし、もし、「成績なんてどうでもいい」と考えていたら――つまり結果への執着が薄かったとしたら——その選手は練習そのものを怠ることになるだろう。また、勝負がギリギリの戦いにもつれこんだときに「勝てなくてもいいや」とあきらめてしまうかもしれない。

つまり、ベースとしては「必ず目的を達成する」と執着しているが、男の前(本番)ではテンパらず、余裕を保ち続けるのが理想の婚活であると言えるのだ。

——正直、相当ハイレベルなことを要求していると思う。

俺も願わくば、このレベルの話はせずにおきたかった。シンプルな技術と理論でお前たちを結婚に導きたかった。

だが、真に婚活を成功させるにはこの話が必要なのである。それほどまでに現代社会は結婚が困難な時代なのだ。

俺たちの親の世代は、見合い結婚が当たり前のように行われており、親の意向で強引に結婚させられることも多々あった。しかし時代は変わり、自由恋愛が主流になると、結婚に対する強制力が働かなくなってしまった。

さらに、映像技術やインターネットの発達により、恋愛と代替《だいたい》できるものが大量に流れ込んできたことで、多くの男たちの恋愛に向かうモチベーションは低下している。

これらの問題を、女たちは一手に引き受けて解決しなければならない。自由と平和の代償として、お前たちは、極めて困難な婚活時代を生きることになってしまったのだ。

だが、明治維新や戦後日本を見ても分かるように、厳しい時代にこそ人は鍛えられ、大きな成長を遂げる。

婚活の厳しさは必ず日本女性を成長させ、日本の将来を牽引《けんいん》するような数多くの女性を生むことになると俺は信じている。

——話を戻そう。

ジョン・T・モロイの調査では、交際していたカップルの70％以上が「女側から結婚のことを口にしていた」と報告されている。

つまり、男を結婚に導くには、**女から口火を切っていかねばならない**のだ。

しかし、ここが婚活の難しいところなのだが、俺の周囲では
彼女から結婚を切り出されて別れた
という男の報告が後を絶たない。

つまり、重要なのは、「どのように結婚を口に出すか」であり、一歩間違えると恋愛に終止符が打たれるという大惨事になりかねないので注意が必要だ。

それではまず、結婚を口に出すときの「間違ったやり方」を教えておこう。

それは、

×「結婚してくれないなら別れる」と相手に迫る

である。

これは男側からしたらもはや恐喝であり、俺はこの行為を「**婚喝**《こんかつ》」と呼び、最も愚かな行為として戒めている。

なぜこれが最悪の行動なのか。

それは、逆の立場で考えてみればすぐに分かることだ。

昨日までただの友達だと思っていた男から突然呼び出され、切羽《せっぱ》詰まった表情で、震えた声で「付き合って欲しい」と強引に告白された場合、女が首を縦に振ることは、ほぼ無い。

なぜか。

それは、その男の行動は、「どっちつかずの状況をはっきりさせたい」という、**ある種の逃避**だからである。

自分中心の行動だから、相手との距離を見誤る。だから、女は怯えて「とりあえず断っておこう」となるのである。

そして、婚活の現場でもこれと全く同じことが起きている。

男の準備が整っていないのに、「このままだと一生結婚できないかもしれない」という不安に**耐え切れず**、その状態からの逃避として結婚を切り出す。

こんな自分勝手な行動を取ってうまくいくはずがない。

そこで俺は婚活における基本として、塾生たちに次のことを強く言い聞かせている。

婚活の掟　**粘り強くあれ**

もし相手の男が結婚を望んでない雰囲気だとしても強硬手段に訴えるのではなく、その男がどうして結婚したくないのか、どういう形であれば結婚したいのかを粘り強く探らねばならない。さらに、**その男をキープした上で他の男を探すという強さ**を持って欲しい。

確かに、今のお前は年齢的にも精神的にも、ありとあらゆる点で追い込まれている。崖っぷちである。崖の縁に指の第一関節がギリギリ引っ掛かっている状態である。

しかし、その状態であっても、決して身投げをしてはならない。

その状況に留まることで男の心境が変化するのを待ったり、新しい男ができそうであることをチラつかせつつ男の心変わりを狙うなど、様々な揺さぶりをかけることができる。

これこそが、**「結婚に執着しつつ、余裕を持っている」**状態である。

結婚というゴールへの道が最も険しい時代だが、お前たちは**婚活というオリンピックのアスリート**を目指して欲しい。

そうすれば必ず、金メダル以上に価値のある指輪と共に、教会の祭壇の前に立つことができるだろう。

Theory 1

婚活の掟

多くの女は結婚に焦るあまり極端な行動「婚喝」を取りがち。

しかし、それは不安からの逃避であり自分勝手な行動である。

強引に答えを求めるのではなく、粘り強く対応すること。

第17講

小悪魔からリラックマ理論

Little Devil to Relaxing Cub Theory

「彼女」から「妻」へ進化する方法

「彼女」から「妻」へと進化を遂げること――それは同じ哺乳類でありながら、「サル」から「ホモサピエンス」へ進化するくらいの大事業であり、過去に何千、何万という婚活本がこの恋愛進化論問題に挑んできた。

しかし、いつの時代も、歴史はたった一人の天才の出現によって変えられるものである。

そして生物界にチャールズ・ダーウィンという天才が現れ「進化論」を発表したように、恋愛界にも一人の天才が現れた。

――愛也である。

彼が発表した

「彼女から妻へと進化するための恋愛理論」——**小悪魔からリラックマ理論**は発表されるや否や瞬《またた》く間に世界を席巻《せっけん》し、山中教授の「iPS細胞」以上の重大な発見とされ、世界各国の要人たちを集めた盛大な祝賀会が愛也自宅近くの「坐・和民」で開かれた。

その世紀の大発見を今からお前に授けることになる。

「そんなにハードル上げちゃって大丈夫すかぁ?」とアホ面で言っているお前も、この理論を聞き終わる頃にはM字開脚しながら失禁することになるので、全力で緊張して授業に臨むこと。

さて、それでは理論の説明に入る前に、

世の男たちが結婚を避ける本当の理由

をお前たちは理解しているだろうか。

雑誌やテレビで見聞きした程度の知識はあるものの、その「本当の理由」を実感している女は非常に少ない。

男が結婚を避けたがる理由、それは——結婚は、男にとって**めっちゃ怖い**からである。

一説によると、結婚して女と一緒に住む部屋に入る怖さは、富士急ハイランドの「戦慄迷宮」を連続で28周するのと同程度と言われている。

なぜ、男たちはこれほどまでに結婚を恐怖の対象として考えているのだろうか？

その点に関して俺は、結婚を避けたがる30代の男性に対して徹底的に調査を行った。ジョン・T・モロイが調査したのは2543人だったので、俺は、2＋5＋4＋3＝14人にインタビューをした。

その結果、男が感じる不安は、次の三つに大別されたのである。

「男が結婚に感じる三つの不安」

- □ **お金に対する不安**
- □ **束縛される不安**
- □ **儀式に対する不安**

それでは、それぞれの不安について順に説明していこう。

□お金に対する不安

男は責任感の強い生き物であり「結婚したら家族を養わねばならない」と考えている。そのとき女が浪費癖のあるタイプだと、仕事を頑張ってお金を稼いでも穴の開いているバケツに水をくみ続けるようなもので、いつも不安を感じなければならない。ゆえに、男たちは女の浪費癖には常に目を光らせており、たとえば宅配ピザのトッピングが少し多いだけで（この女、浪費癖があるのでは!?）と不安になる。

□束縛される不安

男は少年である。少年は「自由」が好きなのである。いくつになっても新しいことに挑戦したり冒険がしたいのである。しかし結婚すると、「子育てなどに追われて自分の時間が奪われる」「会社を辞めて新しいことに挑戦できなくなる」などと不安になり、結婚に踏み切れない。

□儀式に対する不安

結婚式は女にとって「一生に一度の晴れ舞台」であるが、男にとっては「面倒臭いこと極まりない意味不明の行事」である。婚約指輪に関しても「え？　これ普段つけないのになんでこんなに高価なの？」と首が折れるほど傾げたくなる。

ちなみに、未だに結婚というイベントに対して「男に盛り上げてもらうもの」と考えている女がいるようだが、これは完全なる勘違いである。現代社会において結婚は女が男に「してもらうもの」であり、男が**お客様**である。

ゆえに、お前たちはできるかぎり男の不安と負担を軽減するという「**婚前サービス**」を展開しなければならない。

だが、しかし。

ここで大きな問題になるのは、男に結婚の不安を感じさせない女は、同時に、**魅力が乏しい女**になってしまうということである。

「**お金に対する不安**」を感じさせない女とは、服装や食事に金をかけない女であり、価値が低く見られてしまう。

「**束縛される不安**」を感じさせないために男を野放しにしていると、「都合の良い女」だと思われる。

「**儀式に対する不安**」を感じさせないようにすると、誕生日や記念日などに頑張りたい男のやる気を削《そ》いでしまうことになる。

つまり男に不安を感じさせない女は、結婚以前に、男と交際することが難しくなってしまうのである。

だからこそ「彼女」から「妻」への進化は難しく、人類においてずっと議論されてきた問題なのだが、俺が発見した恋愛理論はまさに「盲点」と呼べるものであった。

それは、

男が結婚に感じる不安を「ギャップで埋める」

という方法である。

よく巷の恋愛マニュアルには「ギャップのある女がモテる」ということが書かれてある。
・いつもキツい感じだと思っていた女が酔って可愛くなった
・遊んでいる感じなのに意外と真面目な一面を持っていた
これらのギャップに男が魅力を感じるのは周知の事実だが、このギャップを、**男が「結婚したい」と思う形で演出する**のである。

それでは具体的にどのような行動を取ったらいいいかを説明しよう。

「お金に対する不安」を解消するギャップ

交際前はお洒落に気を遣い、高い物を身に付けることもあるのだが、付き合ってから、「可愛いのに実はすごく安い」バッグなどを持ってデートに行くことで「贅沢が好きなわけじゃなく、物の価値が分かっている女」であることをアピールする。

さらに交際前は、どんな高級な場所に行っても普通に受け入れるリアクションを取っておくのだが、付き合ってから、何かのタイミングでファミレスや安居酒屋で入ったときなどに「この値段でこの味はコスパ良すぎない!?」

などと称賛する。

このように、交際後に「**意外にお金のかからない女**」であることを伝えれば「万が一収入が減ってもこの子とならやっていけそうだ」と男の不安を解消しつつ、魅力を感じさせることができるのだ。

「束縛される不安」を解消するギャップ

付き合い始めの頃に「浮気は許さない」と強く宣言しておくのだが、それ以降は、男を疑うような態度を一切取らず、夜遅くまで飲んでいたときにも「息抜きって大事よね」「私より仕事を優先して」などと言って男を一切束縛しない。つまり、

交際後は都合の良い女化する

のである。このギャップを演出することで「この子とだったら結婚しても縛られずに過ごせそうだ」と思わせることができる。

ただ、ありとあらゆる都合は男に合わせるのだが、「結婚しないでもいい」という都合だけは決して呑《の》んではならない。

「儀式に対する不安」を解消するギャップ

「誕生日」や「記念日」など、男が女を喜ばせようとして高価な店を予約していた場合、付き合い始めの頃は感動するのだが、付き合いが長くなったとき、高価なお店を予約しようとする男に対して

「こんなに高価なお店じゃなくていい」

と言って**あえてランクを落とさせ**たり、「簡単なプレゼントでいいよ」と誕生日会を簡素化させる。そして、値段の安い店やプレゼントにもちゃんと感動する。

そうすれば「この子とだったらそれほど高級じゃなくても結婚式を挙げられそうだ」と結婚式に対するプレッシャーを軽減することができる。

――つまり、男と交際する前は、自分の価値を高く見せ「手に入るようで手に入らない」いわゆる「小悪魔」的スタンスを取りながら、交際が深まってからは、家庭的で、男をリラックスさせる内面をギャップとして見せるのである。

それが、

「小悪魔からリラックマ理論」

であり、この理論によって男は結婚に大きく傾くことになる。

Lesson 17 ⋆ Summary

Theory 1

男が結婚を避ける本当の理由

男が結婚に対して持っている不安は

「お金に対する不安」「束縛される不安」「儀式に対する不安」

である。男を結婚に傾かせるためには、

この不安を解消してやる必要がある。

Theory 2

「小悪魔からリラックマ理論」

男と出会ったばかりの頃は小悪魔のスタンスを取りつつ、

交際が深まってからは、それとは逆のリラックスキャラで

ギャップを演出し男を魅了すること。

第18講

逆ギレ理論／NGP理論

Reverse Belligerence Theory / NGP Theory

男を結婚に導く究極の恋愛理論

想像してみて欲しい。

今、お前は超高層マンションの豪華な一室にいる。

最高級の家具が並べられ、センスのある美術品が飾られ、バーカウンターがあり、そして部屋の中央には――ウンコが置いてある。

お前が、彼氏との会話に投げ込む「**結婚**」という言葉。

それこそが、部屋の中央にあるウンコである。

ごくわずかな面積を占めているだけなのに、それが存在するというだけで部屋のすべてが台無しになる、それほどの破壊力が「結婚」という二文字にはある。

男に対して「部屋にウンコの一個くらい落ちていてもいいよね」と思わせられるか否か――

それが結婚への鍵を握っている。

いよいよ正念場である。

お前の持てる最大の集中力と緊張感を持って、今回の講義に臨んで欲しい。

それでは、どのタイミングで、どんなニュアンスで「結婚」という言葉を男との会話に投げ込んでいけばいいかを説明するわけだが、その前に。

ここで、改めてこの言葉を思い出してもらいたい。


「婚活」という言葉は、なぜ気持ち悪いのか?


婚活とは女の欲望が前面に押し出されている言葉であり、その言葉を口に出すことは、男がお前に対して「Hしたい」と言うようなものである。

では、次の言葉を見てもらいたい。

A　「誰でもいいから　Hしたい」

B　「君のことがすごく好きだからHしたい」

女のお前にとって、どちらの言葉がうれしいだろうか。

言うまでもなく、Bである。Aは自分のエゴのみを前面に押し出しており、相手に対する「愛」が感じられない。

そして、**「結婚」も同じ**である。

どれだけお前の賞味期限が迫っていようが、経済的に追い詰められていようが、自分の都合ではなく、**相手を好きになった結果として結婚したい**というスタンスを持つことで男の気持ちを動かすことができる。

これをスパルタ婚活塾では**「高まっちゃった結婚」**と呼んでいる。

「高まっちゃった結婚」のイメージとしては次のようになる。

【高まっちゃった度ゼロ】

「誰でもいいから　結婚したい」
「タイムリミット的にヤバいから　結婚したい」
↓
【高まっちゃった度★】
「あなたが好きだから　結婚したい」
「あなたとずっと一緒にいたいから　結婚したい」
↓
【高まっちゃった度★★★】
「別に結婚したくないけど、あなたと出会って　結婚したくなった」
「結婚なんて別にいつでもできるけど　あなたとなら結婚したい」
「一緒にいると楽しすぎてその楽しさの範囲を広げたいから　結婚したい」
↓
【高まっちゃった度★★★★★】
「あなたのことが好きすぎて、一周回って『結婚しなくても一緒にいれたらいっか』って思ったけど、さらに気持ちが高まったことで二周目に入って結婚したくなった私がいる」

「『毎日味噌汁を作ってくれ』っていうプロポーズがあるって聞いて超バカにしてたんだけど、今は大豆を育てるところから始めたい私がいる」

「今の私は、キムタクと福山と嵐の5人に同時にプロポーズされてもうれしくないかも」

「結婚したい。ていうか養わせて」


もちろん、ここに書いてある台詞をそのまま口に出したら**引かれる**可能性もあるが、結婚について話し合うときは、こうしたニュアンスを含ませることが重要である。

そのことが理解できたらいよいよ具体的に、どのタイミングでどういう切り出し方をしていくかという問題に移っていこう。

たとえば、婚活マニュアル本に書いてあるような、「付き合い始めて○か月で結婚を切り出す」という考えは誤りである。

重要なのは相手との距離感であり、場合によっては付き合い始めの早い段階で結婚を口に出せるケースもあるだろう。

それゆえに、「このタイミングで結婚のことを口に出せ」と言うことはできないが、その中でも結婚を切り出す上で有効な時間帯というのは存在するので教えておく。

それは、

セックスする前

である。

セックスする前の男は何がなんでもセックスしたい状態なので、そのときに結婚を切り出されると「前向きに検討します」的な発言をついついしてしまう。しかもこのとき酒が入っていれば、男は間違いなく、前向きな発言をしてくる。男が女とセックスするために酒を必要とするように、女が男を結婚に落としこむ上でも酒は重要なアイテムなのである。

また、裏を返せば、**セックスの後は絶対に結婚の話をしてはならない**。

これは俺がスパルタ婚活塾生に常日頃から口酸っぱく言っていることだが、セックスした後というのは、あれほど「したい、したい」と言っていた男が「死体」へと化している。いわゆる「**デッド・オン・ベッド（DOB）**」と呼ばれる状態である。

このときの気分は身体の構造が違うお前たちには理解しがたいだろうが、男の射精後のつらい状態は、女に置き換えると

完全に満腹なのに大皿一杯のスイーツを無理やり腹に押し込まれた挙句、体中の穴という穴に甘栗を詰め込まれるくらいつらい

とされている。

いったんこの状態になると「結婚」はおろか、男からは何も引き出せないのでさっさと寝るか家に帰ってしまった方が賢明だろう。

さて、それではタイミングを見計らって結婚を切り出したとき、相手の反応がまんざらでもなかったとしよう。その場合は、普段の会話から結婚の話をするようにしたり、チャンスがあれば婚約指輪を一緒に見に行ったり、両親との食事の席を設けたり、**どんどん外堀を埋めていけ。**

もちろんこのとき相手の反応には注意が必要だ。あまり結婚を急ぎ過ぎると男が不安になることもあるだろう。そんなときは、婚活の掟「**粘り強くあれ**」である。やりすぎたと思ったら引き、いけると思ったら押す。押しては引く波のように、岸にたたずむ男を結婚まで押し流していくのである。

だが、問題は、男が結婚に対して**拒絶的な反応を示してきた**場合であろう。

多くの婚活本には「結婚願望の無い男と付き合っていても時間の無駄。次を探しましょう」などと書いてあるが、俺の考えは違う。

というのも、男の立場から言わせてもらえば、そもそも結婚に対して「明確な意志」を持っている男はほとんどいない。結婚を拒絶する男たちもなんとなく怖いから「避けている」のであり、強烈な一手があれば結婚に傾く可能性は往々にしてあるのだ。

そんな男を結婚に導く理論が

「逆ギレ理論」と**「NGP理論」**である。

この二つの理論は、婚活理論の**「臥竜鳳雛《がりょうほうすう》」**と呼ばれており(臥竜は眠れる竜、鳳雛は鳳凰の雛《ひな》を指す)、マスターすることができれば、まさに竜と鳳凰のように天に羽ばたくことができる幻の恋愛理論である。

それでは**「逆ギレ理論」**の説明から始めていくが、この理論を一言で言うと、

「結婚する気はない」

と男に否定されたとき**逆ギレする**というものである。

この話を聞いて「何を言ってんのこいつ？」ときょとん顔するお前には、額に「巨豚《きょとん》」と油性マジックで書き、棒に吊るして中華料理屋の前でぐるぐる回すことになるだろう。実際この技を使って結婚にこぎつけた報告も受けており、男の立場からしても、

「これをやられたらつらい（結婚に傾かざるを得ない）」

と思える方法なのでぜひ試してみて欲しい。

具体的な方法としては、
男が「ＮＯ結婚」を表明してきたとき、まず、**怒る**。ストロングスタイルの女ならここで暴れてもいいだろうし、怒り慣れてない女は「無言で泣く」などする。とにかく、

「あなたに結婚する気がないと言われて私はショックである」

ということを具体的な行動で表すのである。

さらにここからが重要なのだが、

「私は結婚してくれないことに怒っているのではなく、あなたがそんなに簡単に『結婚できない』と口にしたことに対して怒っている。なぜなら、その行為は私への侮辱《ぶじょく》だから」

という理由でキレるのである。

ただ、この説明だけでは理解するのが難しいので、具体的な会話を見てもらおう。

「結婚を断られたときの正しい逆ギレ」

マナブ「俺、まだ結婚は考えられないんだ」
ケイコ「……」
マナブ「ごめん……」
ケイコ「信じられない」
マナブ「しょうがないだろ。今は、結婚は考えられないんだよ」
ケイコ「そういうことじゃなくて、……もしかして私がなんで怒ってるか分かってない？」
マナブ「結婚できないからだろ？」
ケイコ「全然違うわよ。私が怒ってるのは、結婚をそんなに簡単に『できない』って言えちゃうってことなの。だって好きで付き合ってるんだから、その先を考えるのが普通じゃない。それなのにあっさり『できない』とかって、私のことバカにしてるじゃん！」
マナブ「バカになんてしてないよ」
ケイコ「してるよ！　だって私はマナブのこと好きで付き合ってるんだもん。でも、マナブはそんなに簡単に『できない』って言えちゃうってことは私のこと好きじゃないってことだよ」

マナブ「いや、ケイコのことは好きだよ」

――このケイコとマナブの論点の違いが理解できるだろうか。

女は、怒っている理由をうまくスライドさせて男の罪悪感を突いている。

もちろん、この議論も引っ張り過ぎると「この女ウザい」と思われるので、最終的には「あなたのことが好きだからこういう議論になった」という着地点が必要だ。しかし、この逆ギレが成功すれば男に「今は結婚できないけど、結婚のことを考えてないわけじゃない」と言わせることができる。

また同時に、この逆ギレが成功すると、男の無意識に**「この子に結婚しないって言うとすげー怒られるぞ」**という恐怖感を刷り込むことができるので、少しずつ結婚に向けて気持ちを準備し始めるのである。

とにかく、ここで重要なのは、「結婚」を口に出した後、男を次の心理状態にさせないことである。

「この子は結婚したがっているけど、俺は結婚はもっと先でもいいと思っている。だから、今別れてあげるのが**この子のためなんだ……**」

女側から結婚を口にして別れるケースの**9割**は、男がこの心理に陥《おちい》ったときに起きている。

つまり、結婚を口に出す攻防戦では、男側に「別れてあげないとこの子に悪い」と思わせないように導くということだ。

たとえば、結婚の話を切り出したところ男が

「別れよう」

と提案してきたとする。そこで別れを受け入れるのではなく「私のこと好きじゃないんだね」と切り返す。すると男は必ず「そういうわけじゃなくて……」と言うから、そこですかさず

「私も別に今すぐ結婚したいと思ってるわけじゃない。でもあなたのことが好きだから将来的にはそういうことを考えるのがむしろ自然なんじゃないの？」

と相手にダメ出しをすることによって、会話の流れを**「結婚」に引き戻す**のである。ここ

でも重要なのは「執着と余裕を併せ持つ強さ」である。粘り強く、粘り強く対応せよ。

さて、しかしこの「逆ギレ理論」を使用したとしても、首を縦に振らない男はいるだろう。

そして、これでダメだった場合、九割九分の女が結婚をあきらめる。

しかし、あえて言おう。

断じてあきらめるべきではない。

実は、男に結婚を断られ、まさに**婚活のロスタイムに入ったことで使える恋愛理論が存在するのである。**

俺が、この「**ロスタイム理論**」を発見したのは、大学時代、理想の女性を求めて試行錯誤していた時期だった。

中学高校時代、まともに話した異性は母親のみ。恋愛初心者の俺は、女の子の前では緊張してまともな会話もできず、もちろん、告白してもフラれ続ける日々だった。

ただ、フラれてもフラれてもあきらめずに戦い続けていくうちに、ある一つの事実に辿り着いたのだ。

それは、**フラれた後の方が「付き合ってほしい」という言葉を会話に投げ入れやすいとい**

うことである。

「付き合う」という緊張度の高い言葉は、男女の関係を簡単に引き裂くほどの破壊力を持っている。

しかし、一度フラれてしまった後は、冗談っぽく「俺、この一週間でかなり成長したんだけど付き合ってくれない？」とか「じゃあ、この勝負で俺が勝ったら付き合ってもらうってことでいい？」などと、簡単に口にできるのである（ただ、あくまで、冗談っぽく、可愛らしく言う必要がある）。

そして、この状態に持っていくことで、付き合える可能性はかなり高まるのだ。

なぜなら、この状態に入った場合、**半永久的に相手を口説き続けることができる**からである。

そして、俺はこの理論は、婚活にも使えると思う。

もっと言えば、婚活において「男を落とす」という側面が強まっている現代社会において、ぜひこの理論を取り入れて欲しいと思っている。

しかも、この理論を使ったとしても、結婚はすでに断られているわけだから何のリスクも存在しない。失うものは、自分のちっぽけなプライドだけである。

では具体的にはどうすればいいか。

まず、男から「結婚する気はない」とはっきり言われたとしても、別れない。

相手に対しては
「でも、あなたのこと好きだから一緒にいたい」

と言っておく。

まず、この時点で男の心を揺さぶることができる。結婚を断っても、一緒にいたいということは
「この子は本当に俺のことが好きなんだな」

と思わせられるからだ。

この状況に持っていった上で、「結婚したいキャラ」として色々な台詞を会話に投げ込んでいく(あくまで、冗談っぽく、である)。

たとえば、

□ 歩き疲れて「休もうか」となったとき「じゃあちょっと区役所寄ってく?」

□ 「ウィンドウショッピングだけだから! ウィンドウショッピングだけだから!」と言い

ながら、目を限界まで見開いて婚約指輪を凝視する

□「今日のあなたの格好、すごいセクシー。セクシーっていうか、ゼクシィだよね」

□ファミレスの名前を書くところで、名字を同じにする

□携帯のメアドを「I need wedding@」にしていいか聞く

□居酒屋で左手の薬指にチクワをはめる遊びをねだる

□ファミレスでステーキをケーキ入刀みたいに一緒に切ろうとする。そのまま他の席の客にキャンドルサービスを始めようとする

□すべての語尾に「婚」をつける。　例「あー、今日は楽しかった婚。次、いつ会う婚？」

□「びっくりしないで欲しいんだけど。私、子どもが……できちゃってないんだ！」

□彼氏の車の後ろに空き缶をたくさんつなげようとする

□彼氏がダメなことをするたびに「これは結婚したら先が思いやられるわぁ」とうれしそうに言う

□人数が足りないとき何かと彼氏の家族を呼ぼうとする

□「この店のマスター、すごい感じいいよねー。（マスターに）仲人になってもらえます？」

□カラオケでは「バタフライ」「家族になろうよ」「てんとう虫のサンバ」以外歌わない

□「結婚しろ」「身を固めろ」という言葉を覚えさせたオウムを彼氏にプレゼントする

男は、本音を冗談でうまくコーティングできる女をすごく可愛いと思うし、さらに、こんなことを言う女にサプライズでプロポーズをしたらめちゃくちゃ喜ぶことも想像できるから、結婚に傾く可能性は高まると言えるだろう。

通常は女が結婚をあきらめる流れから、さらに粘り強く結婚に向かって男を導く。

これが、最強の婚活理論

「NGP理論」――ネ《N》バーギ《G》ブアップ《P》ロポーズ理論

である。

結婚を夢見る乙女よ。

決して、あきらめるな。

そして、あきらめず行動を取り続ければ、必ず奇跡は起きるのである。

Lesson 18 ＊ Summary

Theory 1

「高まっちゃった結婚」

結婚を口にするときは、年齢や経済的な問題など自分の都合ではなく
「あなたが好きという気持ちが高まった結果、結婚したくなった」という、
相手に対する愛のニュアンスを忘れないこと。

Theory 2

「逆ギレ理論」

結婚を口に出して断られた場合、素直に受け入れるのではなく、
逆ギレする。その際、結婚を断られたのがショックなのではなく、
結婚できないことを簡単に口にできてしまう
あなたの気持ちがショックである、という文脈で責めること。

Theory 3

「ＮＧＰ理論」

結婚を否定された後も、冗談っぽく「結婚したい」ことを
会話に投げ入れることで、粘り強く食らいついていくこと。

第19講

エージェント理論

Agent Theory

男からプロポーズを引き出す最終兵器

前回の講義では、男を結婚に導くための婚活理論を紹介した。

だが、それでも、なかなか彼氏に対して「結婚」を口にできない女もいるだろう。

そんな女に対して「この軟弱女が！」と一蹴《いっしゅう》することもできるのだが、現代社会の婚活事情の難しさを見るに、この愛也から最後にスペシャルな理論をお前たちにプレゼントしておこう。

この理論を使えば、自分から結婚を口に出さず、かつ彼氏からプロポーズの言葉を引き出すことができる。その方法こそが

「**エージェント理論**」である。

説明しよう。

この理論を実行するために、まずしなければならないのは「彼氏と自分の家族を面会させる」ことである。

「そんなこと言ってもなかなか親と会いたがらない」

と言う女が多いだろうが、ここでのポイントは、

父親を欠席させること

である。

基本的に男というのは、彼女の父親に会うとなると「何言われるか分かったもんじゃねえぞ」と逃げ腰になるのだが、母親だけであれば、「この子の母親はどんな人なんだろう」と興味がわいたりするものだ。

そこで、

「ウチのお母さん可愛いよ」

「私とお母さん二人だとUNOが盛り上がらなくて」

「お母さんがアンチエイジングの一環として若い男に会いたがってる」

「お母さんがカラオケでよくglobe歌うからマーク・パンサーの部分担当してもらえない？」

「お母さんと相撲取りたいんだけど、行司《ぎょうじ》がいなくて」

もう何でもいいから適当な言い訳をつけて母親に会わせる算段を取る（それでも母親が難しい場合は、親戚や友達でも可）。

だが、彼氏と家族との食事の約束を取り付け、その日の夜にお風呂に浸かりながら「これで結婚に向かって一歩前進したわ♡」などとリラックスしようものなら、俺はその風呂に侵入し、口に含んだ緑色のバスクリンを毒霧のようにお前の顔面に吹きかけることになるだろう。

もし彼氏と母親を面会させることにこぎつけたなら、すぐさま母親にメールを打て。

件名は

「緊急ミーティングのお知らせ」


である。

そして食事会の数日前、お前は母親の大好物である福砂屋のカステラを持って九州の実家に戻るのだ。

「あんた、緊急ミーティングって何ね？」

のほほんとした顔でカステラに手を伸ばす母親の手を思い切りハタいたお前はこう言う。

「カステラなんて食べとる場合じゃなか！」

「なんで？　あんたが買ってきたっちゃろうもん」

「ミーティングが終わってからばい！　お母さん、今度東京来るときアツシくんとご飯行くことになったとよ。お母さんそのことの意味分かっとうと!?」

「楽しみにしとるよ」

「だけん、それがダメって言っとうと！」

「何ね。何で楽しみにしたらダメとね」

「お母さん。私、今何歳だか分かっとる？」

「今年で、35やったかね？　あ、34てことにしといた方がよか？（笑）」

「36たい！　もうここで結婚決めんと後がないと！」

「だったら結婚すればよかったたい。早く結婚してもらった方が母さんもうれしかぁ」

「問題はそう簡単ではなかとよ！　今どきの男子は、『結婚』に対してスカイダイビングばりの恐怖心持っとうとよ！」

「ああ、トカゲ男子ばい」

「トカゲ男子？」

「テレビでやっとったばい。自分から女の子を誘えん男をトカゲ男子て言うっちゃろ？」

「……それ草食男子やなかと？」

「ああ、それそれ（笑）」

「なんで草食男子がトカゲになると？　しかもトカゲは爬《は》虫類でバリバリの肉食ばい！」

「あはは」

「笑っとる場合じゃなか！　……とにかく、今どきの男に対して『結婚』の二文字は地雷ばい！　それを踏んでフッ飛んだ女の子たくさんおるとよ」

「それは大変やねえ」

「だけん、私の口からは結婚臭は一切出せんけん、お母さんに代わりに言って欲しいとよ」

「なんで私が言わんといかんと？　自分で言えばよかろうもん」

「だ・か・ら！　私としては、『別に結婚は今すぐじゃなくてもいいし、そりゃ、したいかしたくないかで言ったらしたいけど、優先順位としてはアツシを困らせてたくない』っていう乙女心を前面に押し出したスタンスを保ちたいと！」

「お母さん難しいわ。あんたの言っとうことよう分からん」

「分からんでも理解しようと努力すると！　あんたこのままじゃと孫の顔見れんよ！」

「孫……」

「いいと？　お母さん、孫の顔みたくないと!?」

「孫……孫！」

「そうたい！　その意気たい！　それじゃあ段取りから説明していくけん。まず、しゃぶしゃぶ五元豚に到着しました。そして、お母さん、席に着きました。そのときお母さんはムスッとしといてほしいと」

「なんで？　なんでムスッとせないかんとね？」

「『キャラ付け』たい！　最初フレンドリーにしとったのにいきなり険悪になったら『どんだけ情緒不安定な親だ』てアツシくんが不安になってまうやろ！　お母さんはただでさえ誰とでも仲良くなってしまうけんね。だけん最初から険悪にしとかんとリアリティがなくなるやろ」

「（神妙にうなずきながら）険悪にするとね」

「お母さんはアツシくんに対して腸《はらわた》煮えくり返っとるちゅう設定やけん。自分の愛しい年頃の娘にプロポーズもせん、煮え切らん男やって」

「でもアツシくん、いい人やろ？」

「いい人やけど！　めっちゃいい人やけど！　お母さんは、愛しい娘を思うあまりアツシに腹が立ってしまっとると。それで最初からムスッとしとるお母さんは、お酒の勢いもあいまってついにこう言うと。『アツシくん、あんた、娘のことどう思っとると？　ちゃんと責任取る気あると？』」

「『責任……といいますと？』」

「今の、誰ね？」

「アツシくんね！　私がアツシくん役しとるけん！」

「忙しかね」

「とにかく、そこでお母さんがこう言うと。『責任取るていうのは、結婚する気はあるかってことばい！』そこで机をバーン！　と叩くと。ちょっと叩いてみると」

「こんな感じと？」

「もっと！　テーブル上の食器という食器が挙動不審になるくらいの勢いで叩くと！」

「（テーブルを叩く母親）」

「そこで私がこう言うけん『お母さんやめてよ！　アッシは今仕事が大変な時期だから、そういうので迷惑かけたくないの！』」

「（テーブルを叩く母親）」

「ええ感じよ！　そこでお母さんは私に言うと。『そんなことは関係なか！　海の男は、マグロ獲《と》ってきて、それを持ってプロポーズしにきたかと思ったら次の日から遠洋行ったもんたい！』」

「あんた、何いうとるか全然分からんよ」

「少々意味が分からん方が迫力が出るけん！　そんな感じでお母さんはアツシに結婚を迫って欲しいっちゃん。それで私はお母さんに『やめて。アツシを困らせないで』ていう、あくまで仲裁者としてのポジションに徹したいと。それでご飯が終わって二人きりになったとき、私はアツシに言うと。『気にしないでね。お母さんああいう人だから。私はアツシのことが好きだし、アツシが幸せならそれが私の幸せだから』」

「（アツシの声で）『由紀江は、どうなの？』」

「『え？』」

「『由紀江は、結婚したいの？』」

「『……そんなの当たり前じゃない。だってアッシのこと好きなんだもん。ずっと一緒にいたいに決まってるじゃない』」

「『そっか……じゃあ、そろそろ真剣に考えないとな』」

「『……何を？』」

「『何をって、俺たちの将来に決まってるだろ』」

「『ア、アッシ……』」

「『――あとさ、お母さんにあんなきついこと言っちゃダメだよ。由紀江のことすごく心配してくれてる、いいお母さんだよ』」

「『うん。そうだよね。あとでちゃんと謝っとく』」

「(元に戻って)こんな感じばい」

「……あんたいつから脚本家になったと。あんたの仕事、歯科衛生士やろ」

「最近の衛生士は時として脚本家の顔を持つ必要があるたい！　それくらい現代社会の婚活は複雑化しとると！」

「そんなもんたいねぇ。……でもね、由紀江」

「何ね？」
「あんたつらかったら、無理に結婚することなかとよ。別に結婚せんでも死ぬわけじゃないっちゃけん。こっちに戻ってきて二人で暮らしてもいいとよ」
「……お母さん（涙ぐむ由紀江）」

（──後日、しゃぶしゃぶ五元豚店にて）

由紀江「ちょ、ちょっとお母さん……」
母「あんたは黙っとき！（アツシの胸ぐらをつかんで）いいねアツシ！　この娘は私が女手一つで育てた可愛い娘やけんね！　その娘をこんな年になるまで、もてあそんどいてちゃんと責任取る気あるっちゃろうね？　あんた、九州女ナメとったら承知せんばい！　今すぐ由紀江を幸せにするて、この黒豚に誓わんね！　そうせんと、明日の今頃はあんたがこの黒豚みたいに熱湯の中でしゃぶしゃぶさせられる運命やけんね！！！」

Lesson 19 ⋆ Summary

Theory 1

「エージェント理論」

彼氏に結婚を迫ることができない女は、
母親や友人などを代理人（エージェント）として仲介させ
「あなた、彼女のことどう思ってるの？　結婚する気あるの？」と
迫らせつつ、自分はあくまで中立のポジションを保ち、
被害を最少限に抑えること。

最後に

スパルタ婚活塾も、ついに最終講義を終えた。

通常の恋愛本には見られないほど、男の本音を赤裸々にしてきたつもりだ。この講義で教えた恋愛理論を実践すれば、必ずや理想の男とゴールインすることができるだろう。

さあ、講義は終わった。

お前は今すぐに、理論の「実践」という新たなる旅路へと向かわねばならない。

——だが、その前に。

最後に、少しだけ俺のわがままに付き合ってほしい。

俺は、個人的に、どうしてもお前たちに伝えておきたいことがあるのだ。

実を言うと「婚活」に関するノウハウをまとめるべきかどうか、数年前からずっと迷っていた。婚活は20代中盤以降の、しかも女性に限定される内容である。「もっと幅広い人が楽しめる本を」という考えがあり、俺は他の仕事に時間を割き続けていた。

ただ、そうした日々の中で、俺がどうしても婚活のノウハウを書かねばならないという使命感に駆られたのは、ある本がきっかけだった。

『友がみな我よりえらく見える日は』上原隆著

この本は、一般人を追ったルポルタージュの傑作であるが、その第二話に

「容貌《ようぼう》」

というタイトルの話がある。

（以下、中略しつつ内容を引用）

＊

喫茶店で初めて会った時に、木村信子（46歳、仮名）はこういった。

「こんな風に男の人と二人で話をするの15年ぶり。緊張してます」

木村は男と恋愛をしたことがない。

自分の外見が美しくないから男性の気が向かないと考えている。

「ど近眼だし、出っ歯だし、あごが張ってるし、全然良くない」という。

木村は20年近くひとりで暮している。新宿区立図書館で本を借り、年間200冊以上本を読む。午前0時、ベッドに入って本を読む時間が木村は一番楽しいと言う。


彼女の家から大崎駅へ向かう道筋に、南雲医院という有名な美容整形外科の病院がある。

18歳の時、彼女は母親と駅に向かって歩いていた。

「あんた、お金出してあげるから、南雲さん行く?」母親が言った。

木村は母親を見た。母の表情から冗談でいっているのではないことが分かった。

そのとき自分がどう答えたかは覚えていない。ただ
〈お母さんもやっぱり、私がブスだからかわいそうだと思ってたんだ〉

と考えたことだけはハッキリと記憶している。

恋愛経験のない木村にも片想いの思い出ならある。

19歳のときに、ひとりでハワイ旅行ツアーに参加した。そこで年下の男性と出会った。ハンサムだったし、話も楽しかった。〈なんて素敵な人なんだろう〉と思った。しかし、旅行

から帰ってからは連絡もないし、会う機会もなかった。そこで、彼女は年に一回海外旅行をしておみやげを買い、それを口実に彼に連絡をとった。

年に一度会う。それが8年間続いた。

27になったときに、もう片想いはやめようと決心した。おみやげを持って会いに行くことをやめた。

連絡をしなくなってから1年くらいたった頃、彼の方から電話があった。

「会いたい」と彼は言った。

「私、すっ飛んで行ったんです。で、会ったとたんに、彼が『実は……』って、私、もう舞い上がっていて、『実は……』っていわれたとたんに、『ううん、いわなくてもわかってる』っていっちゃったの。私はね『実は、ぼくも好きだ』っていうんだろうと思ったわけ。だって、私が好きな気持ちを向こうは知ってるでしょう」

ところが、彼は「お金を貸してほしい」といったのだ。

「私、ありったけの1万3000円、全部渡しちゃった。給料が4万8000円の時代だったから、私にとっては大金ですよ。彼は絶対私が断らないと思ってたんじゃないですか。自分のこと好きだから。『これだけしかないけど』って渡した。

その時にね、喫茶店に入ってミルクティを頼んだんですよ。私あせっちゃって、もう、カッカッきてるから、ミルクティがきた時、ポットに粉ミルクが入ってたの。で、ミルクだと思って入れちゃったら、それがチーズだったんですよ。粉のチーズってあるじゃないですか。スパゲッティなんかにかけるの。それがポットに入ってたんですよ。ミルクティっていったら、紅茶がきた時に一緒にミルクがこないから、これかなと思って入れちゃったの。バーッと入れちゃったんだけど、チーズだから溶けないわけ。浮いてんの全部。溶けないんですもの。上にポッカリ浮いちゃって。彼が見てるし、飲んじゃった。飲み込んじゃった。気持ち悪くて気持ち悪くて、ミルク、後から来たの。いま、思ってもすっごく恥ずかしい」

*

——この文章を読んで、何を感じるだろうか。

滑稽《こっけい》だと笑うかもしれないし、見たくないものを見せられ気分が悪くなった人もいるかもしれない。

ただ、この本を近所のファミレスで読んでいた俺は、文字が読めなくなるくらい涙を流した。

この木村という女性は、まさに俺だった。

俺は中学高校時代、女に全く縁のない時間を過ごした。その理由は、俺が女に声をかける勇気がなかったこともあるが、それ以上に、俺が女を遠ざけた理由がある。

――「醜形恐怖」と呼ばれる病がある。

心理学者の町沢静夫が提唱した概念だが、まさに俺はこれだった。俺は中学二年の頃から「朝起きていると自分の顔がむくんで醜くなっている」ということを気にするあまり、女と話すことができなくなった。外にいるときはいつもうつむいて歩いた。

「顔がむくむんです」

何度も内科の門を叩いた。最終的には、心療内科への紹介状を書かれた。しかし、心療内科で出された利尿剤や漢方薬を飲んでも、俺の顔のむくみは変わらなかった(ちなみに漢方薬を飲んだら、なぜか乳首が固くなった)。

当然、美容整形も考えた。しかし、怖くてできなかった。そんなことをしたら周囲から後ろ指を指され、陰口を叩かれ、取り返しのつかないことになると思った。

もし、あのまま俺の人生で何も起きなかったとしたら、俺は今もまだ、顔がむくむということを気にして、部屋の中で悶々《もんもん》としているのかもしれない。これは大げさではなく、本当にそう思う。

だが、事件は起きた。

浪人時代、たまたま入った街の電気屋で俺はあるパンフレットを見つけた。

そのパンフレットを持つ手が震えた。俺は自分の目を疑った。

そこに載っていたのは、松下電工のリアルスウェットという名前の「個室サウナ」だった。

これさえあれば、俺は毎朝顔のむくみを取ることができる。そうすれば俺は新たな人生を、失われた青春を取り戻すことができる、そう考えた。

「この発想は、なかった――」

こうして俺は、東京の大学に進み、個室サウナというパートナーと共に、大学デビューすることを決意したのである。

東京の大学に進学した俺は、下宿を探すときも、部屋の間取りや方角は一切気にせず、ただひたすらブレイカーの容量のみをチェックしていた。個室サウナは大量に電気を消費するので、20A《アンペア》の独立したスイッチが二つ以上必要だったのだ。こうして俺は、一人暮らしなのにファミリータイプの部屋に住むことを余儀なくされ、高い家賃を払うためにバイトに明け暮れる日々となった。

下宿先に個室サウナが搬入《はんにゅう》されてきた日のことを今でも覚えている。真っ二つに分かれた電話ボックスのような個室サウナを屈強な男たちが運んできた。そしてゆっくりと個室サウナが設置されていく様子を見て
「人生の問題はすべて解決した。これでやっと恋ができる」

そう考え、期待に胸を躍《おど》らせた。

——大学に入学し、すぐに一人の女の子を好きになった。

まだ桜が散ったばかりの五月の始め、俺は大学の運動場の近くのベンチでその子に告白した。

人生初の告白だった。

緊張のあまり頭は朦朧《もうろう》とし、吐き気をもよおしながら、好きだという言葉を喉から絞り出した。

結果、俺はフラれた。

ショックだった。

しかし、フラれたこともショックだったが、何よりショックだったことがある。

それは、俺が告白をする日の朝、

サウナ↓水風呂↓サウナ↓水風呂↓サウナ↓水風呂↓サウナ↓水風呂↓サウナ↓水風呂↓サウナ↓水風呂↓サウナ↓水風呂↓サウナ↓水風呂↓サウナ↓水風呂↓サウナ↓水風呂↓サウナ↓水風呂↓サウナ↓水風呂↓サウナ↓水風呂を2時間以上繰り返し、最高のコンディションで臨んだということだった。干からびた顔の俺は、ほとんどスルメのような状態になっていた。

こうして俺は気づいた。

俺が女にモテないことと、俺の顔がむくむことは、無関係だったのである！

（ちなみに、俺は合計で十数回しかサウナに入っておらず、俺の個室サウナは1回5万円、という超高級サウナに成り果てたのだった）

しかし、往々にして「悩み」とはそういうものだと思う。

「井の中の蛙」は、「周囲の世界を知らず自分を客観視できていない傲慢な人間」に対して使われる言葉だが、あの蛙はむしろ「悩む人間」のイメージに近い。

自分で勝手に作り上げた世界観（井戸）の中で、人は、悩むのである。

こうして、とてつもない勘違いをしていたことを身をもって痛感した俺は方向転換をせざるを得なくなった。人生の優先順位を恋愛に設定し、アルバイトやサークルを「女の子との出会いがあるか」「恋愛能力が鍛えられるか」のみで選び、受験勉強以上に恋愛勉強をすることを決意した。

しかし、これは地獄の日々の始まりだった。

水商売のアルバイトの面接を落ちるたびに「顔が悪いからではないか」と考え、イベントサークルの連中にデカい態度を取られると「カッコよくないからナメられるんじゃないか」と疑心暗鬼に陥った。

当時、俺は合コンが終わったあと、その日の自分の会話を全部大学ノートに書き出し、どこがダメだったか、どこをどうすべきだったか、必ず反省するようにしていたのだが、ある日、そのノートをつけているといつのまにかボロボロと涙が出て止まらなかったことがある。

どうして俺はこんなことをしなきゃいけないんだ。

もしいい顔に生まれついていたらこんな努力をする必要なんてないじゃないか。

自分のやっていることがあまりにもバカバカしくて涙が止まらなかった。

それ以外にもつらいことはたくさんあった。恋愛マニュアル本に「旅先から手紙を送ると非日常感が演出できる」と書いてあったので実行したところ数人から気持ち悪いということを言われた。「女をビシッと叱る男がモテる」と書いてあったので遅刻してきた女を叱ったらそのまま帰られた上に、その女の友達からも無視されるようになった。大学の文化祭でたくさんの女に声をかけ片っ端から電話していったら「ああ、水野くん覚えてる。結構カッコよかった人だよね?」と言われて(こんなこともあるもんだな!)天にも舞い上がらん気持ちで待ち合わせた新宿で「え? 水野くん?」と言われた。その女は他の男と俺を勘違いしていた。渋谷の宮益坂でぬいぐるみを使って女の子に声をかけるということを試みたら、変な男たちに絡まれ、殴られ、道の端に転がっていた泥だらけのムーミンのぬいぐるみを抱えて帰ったこともある。

こうした努力を1年間、365日休まず続けた。途中で心が折れそうになることも何度もあった。しかし

「もし大学四年間に限界まで努力してだめだったら、美容整形して海外に住もう」

そう決めてありとあらゆる努力をした。

大学二年の春。

生まれて初めての彼女ができた。

最初見たとき「こんな女の子と付き合えたら死んでもいい」と思ったくらい理想的な彼女だった。

この子との話は前著に書いたがもう一度書かせてもらいたい。

付き合ってしばらくした頃、彼女が「ＴＳＵＴＡＹＡへ行きたい」と言った。

「君に似ている俳優がいるから探しに行きたい」

と言われたのだ。

俺は、からかわれているのかと思った。俺に似た俳優などいるはずがない。大学時代はアイススケートの清水宏保、高校時代はワハハ本舗の梅垣に似てると言われてきた男である。

しかし、ＴＳＵＴＡＴＡで「見つかったよ」と言って彼女は映画のパッケージを持ってきた。

そこに載っていたのは――レオナルド・ディカプリオだった。

俺は、笑った。

これは、わざわざTSUTAYAに連れてきて舞い上がらせるという彼女の手の込んだギャグだったのだ！

しかし、ここで異変が起きた。

その子に、ギャグを言っている様子がないのである。

真顔なのである。

俺は何度も確認した。「こんなことしても何も出てこないよ」と笑った。しかし、彼女は本気だった。本気でそう思っていたのだ。

それを知ったとき、俺は自分の立っている世界がぐらぐらと揺れる気がした。俺は新丸子のTSUTAYAで泣き崩れた。

七年間、顔のことで悩まない日は一日も無かった。

しかし、その七年間の苦しみが、彼女のたった一言で、「感動」に変わったのだ。

この話を聞いて「そんなにうまくいくはずはない」と言う人もいるだろう。「男と女は違う」と言う人もいるかもしれない。

だが、一つ、確実に言えることがある。

悩みは、感動の種である。

そして、悩みが深ければ深いほど、感動の種は大きく膨らんでいく。

そしてその種が花開いたとき、それは、悩みの少ない人間よりも遥かに、素晴らしい感動を経験することができるのだ。

良い顔に生まれなかった。歌が歌えなかった。スポーツをするのが得意じゃなかった。女の子を前にして軽快なトークができなかった。自分には才能がなかった。何もなかった。


だからこそ、感動できたのだ。


何も与えられていないということは、感動の余地を与えられているということである。

それは、この現実における、偉大なる真実だ。

だから、おせっかいだと言われようと、ほっといてくれと言われようと、変な夢を見させないでくれと言われようとも、俺は、どうしても言わなければならない。苦しみや悩みの向こう側には、闇の深さに支えられたとてつもない感動が待っているということを。

人生は、オセロゲームのようなものだと思う。

人は生まれたとき、誰もが祝福の「白」を渡される。すべての人の人生は「白」の駒から始まる。

しかし、そのあと、自分が恵まれてないことを知ったり、嫌なことを経験するとどんどん黒い駒が置かれていく

○●●●●●●●●●●●●●●●●●……

でも、人生のどこかで白を置くことができれば、それは、最後の最後でも良い。なんなら、死ぬ間際だって良い。それでも、最後に、白を置くことができれば
黒は、全部白に変わる。
なぜなら、その白は、
苦しみや悩みがあったらからこそ置くことのできた白だから。
その白は、すべての黒に支えられた白なのだ。

これから新たなる旅路へと進むあなたには、苦しいことやつらいことが待ち受けているかもしれない。

しかしそれでも、ぜひあなたの人生に白駒を――あなただけの白馬の王子を見つけて欲しい。

そして、もしこの文章がそのきっかけとなるのなら、俺にとって最高の幸せである。

それでは、
最後まで読んでくれたあなたに。

そして、この文章を書くきっかけとなった、すべての悩みに感謝します。

水野愛也

水野敬也（みずの・けいや）

愛知県生まれ。慶応義塾大学経済学部卒。

著書に『夢をかなえるゾウ』『夢をかなえるゾウ２　ガネーシャと貧乏神』『人生はニャンとかなる！』『人生はワンチャンス！』『それでも僕は夢を見る』（画・鉄拳）『ウケる技術』『四つ話のクローバー』『雨の日も、晴れ男』『大金星』などがある。

恋愛に関する講演、執筆は恋愛体育教師・水野愛也として活動し、著書に『ＬＯＶＥ理論（新装版）』、講演ＤＶＤ『スパルタ恋愛塾』がある。

また、ＤＶＤ作品『温厚な上司の怒らせ方』の企画・脚本や、映画『イン・ザ・ヒーロー』の脚本を手掛けるなど活動は多岐に渡る。

公式ブログ「ウケる日記」
http://ameblo.jp/mizunokeiya/
Twitter アカウント
@mizunokeiya

スパルタ婚活塾

2014 年 8 月 6 日　第 1 刷発行
2016 年 4 月13日　第 4 刷発行
著　　者：水野敬也
装　　丁：寄藤文平＋吉田考宏（文平銀座）
協　　力：中馬崇尋　大場君人　芳賀愛　清村菜穂子
　　　　　古川愛　前川智子　須藤裕亮　木根渕未来
編　　集：下松幸樹　林田玲奈
発 行 者：山本周嗣
発 行 所：株式会社文響社
　　　　　〒 105-0001　東京都港区虎ノ門 1-11-1
　　　　　ホームページ　http://bunkyosha.com/
　　　　　お問い合わせ　info@bunkyosha.com
印刷・製本：中央精版印刷株式会社

©2014 by Keiya Mizuno　ISBN コード：978-4-905073-07-9　Printed in Japan
この本に関するご意見・ご感想をお寄せいただく場合は、郵送またはメール（info@bunkyosha.com）にてお送りください。

JASRAC 出　1307668-604